模法师

中小学模拟法庭教育手册

雷声 编著

图书在版编目(CIP)数据

模法师:中小学模拟法庭教育手册/雷声编著.—北京:商务印书馆,2021
ISBN 978-7-100-19649-9

Ⅰ.①模… Ⅱ.①雷… Ⅲ.①法律课—中小学—课外读物 Ⅳ.①G634.263

中国版本图书馆CIP数据核字(2021)第217263号

权利保留,侵权必究。

模法师:中小学模拟法庭教育手册
雷声 编著

商 务 印 书 馆 出 版
(北京王府井大街36号 邮政编码100710)
商 务 印 书 馆 发 行
北京中科印刷有限公司印刷
ISBN 978-7-100-19649-9

2021年11月第1版 开本710×1000 1/16
2021年11月北京第1次印刷 印张18¾
定价:98.00元

序

  《模法师》这本中小学模拟法庭教育手册的作者雷声同志是一位出色的中青年律师，他长期在西北重镇兰州执业，他和他所创办的雷诺律师事务所也一直致力于各学龄段模拟法庭进校园的工作。2014年，我的学生方硕在博士毕业后前往甘肃政法大学任教，与他相识，二人在模拟法庭竞赛领域密切合作至今。次年，雷诺律师事务所又和华东政法大学附属中学联合开展"模法师——模拟法庭进校园"公益活动，那时起我开始逐渐知道他在法律领域的工作和追求，后来经过我的学生引荐，他曾经多次表示希望能够攻读我的博士研究生。

  虽然工作繁忙，但是雷声同志对于法律史学、对于法学教育的推广，以及在青少年中进行法学启蒙的热情从来没有消减过，从事律师实务之余，他在数年间阅读了我撰写的《中国法学史》（三卷本）、《西方法学史》、《外国法制史》等诸多书籍，结合他自己的思考与实践，最终完成了《模法师——中小学模拟法庭教育手册》的写作。

  本书分为四个部分，前三个部分"尚法铭""法制史""律例鉴"，以类似《三字经》的儿歌形式进行了编写，朗朗上口、层次分明、逻辑清晰。适合进行青少年，甚至是幼儿的法学启蒙教育，其内容基本涵盖中外法制史上的重要事件，也将现代社会中重要的法律条文和基础知识包含在内。第四部分的审判流程介绍，内容精练、实用易懂。

同我们已经出版过的很多书一样，这本手册的编写也得到了商务印书馆王兰萍编审的大力协助。在此，我对他们为推广、普及法律知识教育，进行青少年法学启蒙方面所做的工作和努力表示赞同与支持。

何勤华
于华东政法大学
2019年8月8日

前 言

习近平新时代中国特色社会主义思想特别是习近平法治思想指出，要坚持依法治国、依法执政、依法行政共同推进，法治国家、法治政府、法治社会一体建设。普法工作要在针对性和实效性上下功夫，特别是要加强青少年法治教育，不断提升全体公民法治意识和法治素养。这本中小学模拟法庭教育手册，就是在"模法师"公益活动开展近八年间，反复构思并结合活动反馈不断修改完善，在党领导的全面依法治国的背景下，为"模法师"公益普法项目而专门创作的，是学习贯彻习近平法治思想，加强青少年法治教育的具体实践，是为了让这项公益活动有手册、标准化、可复制，让更多热心青少年普法公益的人士能有效参与进来，让更多的孩子受益。

"模法师"是"模拟法庭小律师"的简称，是由我作为创始人，在雷诺律师事务所全体律师以及全国很多其他地区的律师、其他法律职业人、学校老师、法科大学生等的共同参与下，创新开展的一项法治文化品牌公益活动。"模法师"旨在通过执业律师和青少年面对面、手把手的法律文化沟通与教育，以模拟法庭训练、法律思维训练、证据使用训练、法律实务问题应对训练等方式，以及模拟庭审、法律辩论、模拟立法、法律主题班会、法制班规建设、校园听证活动等多种形式，让孩子们特别是农村的孩子们见到真正的律师、法官、检察官，在专业法律职业人的引导下，受到美好的法律文化的熏陶，得到自身法律素质的培养，长大后能适应法治社会的发展，做一个文明的、理性的、守法并能熟练运用法律保护自己权益的现代公民。这项公益活动由三个主体共同完成，第一个主体是模法师导师，主要由法律实务经验丰富的执业律师组成，模法师导师是模拟法庭等活动的组织者，是法律文化和知识的传播者；第二个主体是模法师志愿者，由法科大学生们组成，志愿者辅助模法师导师的工作；第三个主体是模法师学生，是活动的受益者。

"模法师"公益活动的发起，源于我自己作为执业律师，凭借自己的职业体会，对青少年法律教育缺位的思考。社会上对青少年开展的各类素质教育培训班如火如荼，但很难见到法律教育的身影。各地中小学都在配置法律课、配备法制副校长，但多为传播理论化书本法律知识的灌输式教学和单方面宣讲。部分学校斥资兴建的模拟法庭，多成为学生表演的舞台而非塑造法律人格的平台。一批批孩子成长为社会运转的主力军后，如果缺少契约精神，不重视社会规则，未形成权利义务观念，将无法适应法治社会的要求，这是一个必须面对和解决的问题。因为对这一社会问题的忧患意识和社会责任感，才有了"模法师"公益活动的发起和实践。我和我的律师同事们始终认为，法治精神一定是要从小熏陶和培养的，只有如此，崇高的法治精神才能同孩子一起长大、融入他的血液、在他心中生根，才能从内心深处根深蒂固地形成法律至上、遵守合约、敬畏规则、善尽义务的意识。如果长大成人后再让孩子们去学法用法，恐怕多是仅把法律当成功利社会的工具而已，谈不上精神所在。

在司法行政机关和律师协会的大力支持下，"模法师"公益活动开展至今，先后在甘肃省的兰州市榆中县高崖镇马家咀村小学、平凉市静宁县界石铺镇中心小学、榆中县银山乡中学、定西市铧尖堡学校、陇南市成县鸡峰镇化垭中心学区、宕昌县哈达铺镇牛家村小学等革命老区、贫困山区所在地的农村小学建立了数个法治宣传教育雷诺"模法师"公益基地，近年也将"模法师"公益活动开展到城市学校，并已开展到上海等一线城市的中小学，伴随上海对口援疆工作，又将"模法师"公益带到新疆喀什等地。在6年来的"模法师"公益活动中，已在50多所学校开展了260多场次活动，共计帮助了7000多名少年儿童和他们的家庭。说"模法师"公益帮助到孩子家庭，是因为通过孩子们接受"模法师"法律教育，很多孩子已把法律意识带回给家长，如有的孩子让在外打工的父母一定要签订劳动合同等。目前，"模法师"公益活动已深受社会各界的认可，在全国法律界举办的全国律界公益法律服务"律界公益榜单"评选活动中，2017年"模法师"公益获得首届中国律界"最佳公益品牌奖"，2018年获得"公益爱心奖"，2019年荣得"优秀公益项目奖"。

为使"模法师"公益活动对青少年法律意识的养成和训练更加系统化、趣味化、易记忆，在参与"模法师"公益活动的广大法律职业人的支持下，我结合自己十几年的律师执业经验和儿时背诵经典的基本功和体会,创作了法律三字经"模法诗"并以之为基础编写了《模法师》手册。《模法师》第一部分取名"尚法铭",是总揽全纲,劝中华子弟学法尚法,树立法律意识,培养法治精神之意。第二部分为"法制史",用于引导孩子们通过对法律文化与历史的了解,为法治精神的培养找到人类历史上的灵感与养料。这三百多字关于中、外法制史的提炼,如同散落在田园中的种子,让孩子们去——找寻、珍藏。第三部分取名"律例鉴","律"是法律,"例"指"判例",点明《模法师》就是要以案释法、以例为鉴,让孩子们通过对案例及相关法律的了解,通过参加模拟法庭,深入理解和掌握法律知识。"律例鉴"中选取的12个典型案例均为真实案件,但对案例中当事人的有关信息做了技术处理。每个案例后附有模拟开庭法律文书和证据目录范本,供模拟法庭教学配套使用。今后拟根据普法教学情况及社会法律热点问题,结合法律的修订和新法颁布带来的变化,不断增补案例。

"尚法铭"宜于先讲授给孩子,让孩子明白学习法律的目的和意义后,就能更好地学习后面的内容了。"法制史"的内容可以单独讲授,也可以在讲解和模拟"律例鉴"中的案例时穿插讲授。"律例鉴"的每个案例都给出了具体的教学指引,教学指引中引入了国际上通行的商学院的分组讨论、归纳发言、相互辩论等教学方法,目的在于通过案例教学能让孩子们得到全面发展,学会讨论问题,能够独立思考,善于表达意见并敢于当众演讲。法律的生命在于思辨和使用,所以在给孩子们普法的过程中也需贯穿促进孩子对法律的思辨和使用的宗旨,这样方能取得最佳的普法效果，同时也能有效传播法律文化。正式教学前的微话剧表演，目的在于让更多的同学积极参与到案例教学中，根据孩子对游戏和故事感兴趣的特点，调动起同学们学习法律的兴趣，同时潜移默化地培养孩子们的语言能力和表演才能。

《模法师》作为中小学模拟法庭普法手册使用时，需以模法师导师为主导完成教学任务，导师可由律师、法官、检察官等法律专业人士担任，也可由受过训练的在校老师担任；高等院校的法科大学生，可作为志愿者协助完成教学任务，这同时对大学生也是一种法律社会实践活动。手册中的案例可以按顺序系统讲授，也可根据学校和学生情况选择性地讲授。中小学的老师和各位同学，可将本书作为学习法律文化、掌握法律知识的手册。期望各位专家、老师和同学们，在使用本手册中多提宝贵意见，指出其中存在的错误和不足，便于笔者及时修订，让本书能为青少年的普法公益活动发挥良好作用。

在此，要特别感谢华东政法大学何勤华老师拨冗审阅作序，感谢商务印书馆王兰萍老师在本书编写中的指导与鼓励，感谢司法行政机关和律师协会的大力支持，感谢雷诺律师事务所全体同仁在"模法师"公益实践和本书编写中的付出，感谢所有参与"模法师"公益的导师、志愿者和孩子们！

雷声

目录

尚法铭 1

法制史 7

律例鉴 71

 第一讲 诚信贵 72

 第二讲 酒驾危 88

 第三讲 盗窃责 106

 第四讲 欺凌罪 120

 第五讲 受教权 136

 第六讲 劳动签 151

 第七讲 借贷利 169

 第八讲 相邻安 189

 第九讲 生态美 205

 第十讲 行政效 226

 第十一讲 消费明 243

 第十二讲 禁毒牢 262

附录 281

 民事诉讼一审普通程序模拟法庭流程 283

 刑事诉讼一审案件模拟法庭流程 286

 行政诉讼一审普通程序模拟法庭流程 288

尚法铭

学法尚法,树立法律意识,培养法治精神。

2 模法师

mó fǎ shī　　pǔ fǎ rèn
模法师，普法任。
shàng fǎ zhì　　chéng jīng shén
尚法治，承精神。

模法师，普法任。

"模法师"是模拟法庭小律师的简称，是法律专业人士为践行社会责任、普及法律知识，在以青少年为主的普法对象中开展的一项法律文化教育与传播公益事业。

尚法治，承精神。

模法师事业的宗旨是教育、引导华夏子弟崇尚法治精神，传承法律文化。

4 模法师

仁而正,谨而信。
方圆成,契约定。

尚法铭 5

释义

仁而正，谨而信。方圆成，契约定。

以上四句是模法师事业的终极目标，即：通过职业律师和少年儿童面对面、手把手的法律文化沟通与教育，通过模拟法庭训练、法律思维训练、证据使用训练、法律实务问题应对训练，以及法治班规建设、校园听证活动等方式，让孩子们逐渐生发仁爱心、公正心、谨言行、讲诚信，懂得"无规矩不成方圆""既有约则必笃行"的道理，从小树立根深蒂固的规则意识和契约精神。

法制史

了解法律的历史，找寻法治的源头。

fǎ zhī shǐ，jūn jiē jiàn。
法之史，君皆鉴。
nú lì zhì，āi jí xiàn。
奴隶制，埃及现。

释义

法之史,君皆鉴。

"以古为镜,可以知兴替",诸弟子学习法律要以中、外法制史为鉴方能深入理解、融会贯通。

奴隶制,埃及现。

奴隶制法最早出现于非洲尼罗河流域的埃及,大约公元前4000年埃及出现了习惯法,至公元前8世纪已编纂了比较成熟的成文法典。

wū ěr nà　　xiē xíng wén
乌尔纳，楔形文。
hàn mó lā　　bā bǐ lún
汉谟拉，巴比伦。

乌尔纳，楔形文。
公元前3500年左右，古代西亚两河流域的苏美尔人发明了楔形文字并以之记录法律。至乌尔第三王朝时出现了世界上第一部成文法《乌尔纳姆法典》。

汉谟拉，巴比伦。
公元前18世纪左右，古巴比伦第六代王汉谟拉比完成两河流域的统一，并制定了著名的《汉谟拉比法典》，这部法典集两河流域楔形文字法之大成，将实体法、程序法、民法和刑法合一，成为古代东方法的代表。

法制史 11

印度教，摩奴典。
希伯来，摩西律。

法制史

印度教，摩奴典。

"印度法系"是世界五大法系之一。古代印度法受宗教影响甚大，包括婆罗门教、佛教、印度教等。最为重要的法典是《摩奴法典》，对印度、东南亚乃至远东都产生过深刻影响。

希伯来，摩西律。

公元前6世纪，中亚的希伯来奴隶制国家以"摩西十诫"为主要思想编制了《摩西律法》，此后的基督教立法吸收了《摩西律法》的很多法律规范，因而其对整个西方世界影响巨大。

希腊思，雅典城。
梭伦始，民主制。

希腊思,雅典城。

古希腊由雅典、斯巴达等多个城邦国家组成,各城邦国家的法律统称古希腊法,由于各城邦法律的内容的形式差别较大,所以古希腊法并不是统一的法律体系。古希腊在法律文化上出现了许多著名的思想家和哲学家。雅典是各城邦国家中实行民主制立法的典型代表。

梭伦始,民主制。

自公元前594年梭伦立法改革开始,民主立法制度在希腊世界产生和发展起来。

罗马法,西方塔。
十二表,农商晓。

罗马法，西方塔。

罗马法是西方古代文明的结晶，确立了立法中的许多制度、原则和概念，立法技术远比其他奴隶制法先进，是古代社会最发达的法律体系，如灯塔一般指引着西方各国近现代立法的发展。

十二表，农商晓。

公元前450年由罗马十人委员会制定的《十二表法》是罗马第一部成文法，为罗马法的发展奠定了基础，同时也体现了建立在商品经济之上的西方奴隶制立法与农业社会之上的东方奴隶制立法的明显区别。

shì wàn mín，zhā shì dīng。
市万民，查士丁。

gōng sī qīng，jiē tī xíng。
公私清，阶梯行。

市万民，查士丁。

罗马国家固有的法律"市民法"的适用范围限于罗马公民，至罗马共和国后期，出现了适用于罗马公民和非公民之间、非罗马公民之间的"万民法"。市民法和万民法是罗马法体系的重要分类。二者此后逐渐融合，至编纂查士丁尼法典时完全统一。西罗马帝国灭亡后，在公元6世纪东罗马帝国皇帝查士丁尼开始系统性、大规模编纂《查士丁尼法典》，终使罗马法得以传世。

公私清，阶梯行。

在人类法学历史上，罗马法首先对与国家组织有关的公法和与个人利益有关的私法分清了类别。罗马五大法学家之一盖尤斯所著《法学阶梯》，将罗马私法体系构架为人法、物法、诉讼法三部分，是罗马法定的法学教材，历史上长时期培养着不断前行的后世法学家。

日耳曼，蛮封建。
法兰克，撒利克。

 释义

日耳曼，蛮封建。
日耳曼法产生于欧洲在公元4世纪建立的被称为"蛮族国家"的各日耳曼王国，因而又被称为"蛮族法典"，是罗马法之后在西欧占主导地位的法律体系，适用于当时封建社会制度。

法兰克，撒利克。
各日耳曼王国中，法兰克王国统治了欧洲大部分地区，法兰克王国颁布的《撒利克法典》在"蛮族法典"中也是影响力最大的。

法制史 21

jiào huì yuán，shén quán lián。
教会源，神权联。

qì yuē yuán，fǎ dà quán。
契约源，法大全。

教会源，神权联。
教会法主要指天主教会在欧洲中世纪的法律，与日耳曼法、罗马法共同构成近现代欧洲法律文明的三大渊源。教会法与神学联系密切。

契约源，法大全。
教会法的内容确立了契约法的重要原则和原理，并努力保证契约的严格履行，成为现代契约法的源头。教会法的体系很全面，特别是12世纪末13世纪初的《教会法大全》。

伊斯兰，古兰经。
诺曼王，大宪章。

释义

伊斯兰,古兰经。

伊斯兰法是一种宗教法系,集宗教教义、道德规范和法律制度为一体,《古兰经》是伊斯兰法的主要立法渊源。

诺曼王,大宪章。

英国的法律体系自威廉公爵征服英格兰建立诺曼王朝开始逐步形成。英国是近代宪法的发源地,1215年的《大宪章》是重要的宪法性文件。

yīng měi fǎ　　zūn pàn lì
英美法，遵判例。
zhòng guī nà　　duì kàng lǜ
重归纳，对抗律。

英美法,遵判例。重归纳,对抗律。

英美法系又称普通法系,是以英国普通法为基础建立起来的与大陆法系并称的世界两大法系之一。英美法系的特点是,以遵照判例为基本原则,注重归纳的推理方法,律师在法庭上相互辩论、相互对抗,法官主持开庭但不主动调查。

pǔ tōng fǎ　　héng píng fǎ
普通法，衡平法。
zhì dìng fǎ　　yuān yuán zá
制定法，渊源杂。

释义

普通法,衡平法。制定法,渊源杂。

英美法系的法律渊源复杂,一般有普通法、衡平法和制定法。

30 模法师

měi jì yīng, yǒu chuàng xīn。
美继英,有创新。
mǎ bó lǐ, mài dí xùn
马伯里,麦迪逊。

美继英,有创新。
美国法是在继承英国法的基础上形成的,自美国 1776 年通过《独立宣言》宣布独立建国后,在对英国普通法进行批判和创新后发展起来。

马伯里,麦迪逊。
美国创造了对宪法影响深刻的近代宪法思想与制度,特别是 1803 年的马伯里诉麦迪逊案开创了美国的违宪审查制度。

zhōu lián bāng　　tǒng yī shāng
州联邦，统一商。
xiè ěr màn　　péi shěn tuán
谢尔曼，陪审团。

州联邦，统一商。
美国除有联邦立法外，各州均有众多复杂的州法律，法院也分各自独立的联邦法院系统和州法院系统。为促进各州法律的统一和推进整个联邦统一立法，自1892年成立了统一州法律的全国委员会，先后整理、制定了一百多部统一的"标准法"，其中1952年颁布的《统一商法典》最有影响力。

谢尔曼，陪审团。
美国作为世界第一个反垄断立法的国家，1890年制定了著名的《谢尔曼法》。在诉讼制度中承继了英国的陪审制度并有所创新。

ná pò lún　　wén bǐ chún

拿破仑，文笔纯。

xíng zhèng pàn　　zhuān yuàn shěn

行政判，专院审。

拿破仑，文笔纯。
法国法律史上的代表作是1804年的《法国民法典》，由拿破仑主持编纂，所以也称《拿破仑法典》。《拿破仑法典》以简明严谨、文笔精纯著称，它的制定完成，标志着大陆法系的形成。

行政判，专院审。
法国是现代行政法的主要发源地，但法国作为大陆法系国家，行政法却遵从判例，没有形成法典。法国的行政诉讼由专门的行政法院管辖，与管辖普通案件的普通法院严格区分，这一双轨制的审判体制，对行政活动监督较为有效。

法制史 35

德法承，私法能。
技术精，学理深。

德法承,私法能。技术精,学理深。

德国法是在对法国法大量继承的基础上,在《法国民法典》颁布近一百年后,历经二十多年的起草与反复修改,于1900年颁布施行了《德国民法典》。《德国民法典》在私法领域的成就远超《法国民法典》,以其法律技术精湛、逻辑思维严密、学理透彻精深闻名于世。

日天皇，学隋唐。
至明治，法德旁。

释义

日天皇，学隋唐。
日本封建天皇时期，立法主要学习中国隋、唐的法律制度。

至明治，法德旁。
日本1868年明治维新后，开始建立资产阶级国家，在明治维新后期主要参照法国法和德国法制定自己隶属大陆法系的法律体系。

大陆系，法典立。
纠问式，重演绎。

释义

大陆系，法典立。纠问式，重演绎。

大陆法系又称民法法系、罗马法系，以制定成文法典、采用纠问式诉讼程序、注重演绎的推理方法为其鲜明特点。

中华法，礼相伴。

五千年，不曾断。

中华法，礼相伴。

中国古代法律是中华法系的主体，中华法系与印度法系、伊斯兰法系、大陆法系、英美法系共为世界历史上的五大法系。中华法系的基本特点是将中国的传统伦理道德规范与法律规范完全融为一体，即所谓"礼法结合"。

五千年，不曾断。

中华法系有近五千年的悠久历史，至今精神尚存，同中华文化一样从未间断。

qǐ yú xià　　gāo yáo dà
启于夏，皋陶大。
píng rú shuǐ　　xiè zhì fǎ
平如水，獬豸法。

释义

启于夏,皋陶大。平如水,獬豸法。

中国法起源于夏代,自夏代开创者"启"开始,中国出现第一个奴隶制王朝,进入文明社会。据传尧舜时的刑官皋陶名声很大,建造了第一座监狱并饲养神兽獬豸,獬豸头长一独角且能辨别是非曲直,遇到疑难不决的案件时,獬豸对有罪者能以角触而去之。"法"字的古体"灋"在许慎的《说文解字》中的解释为:"灋,刑也。平之如水,从水;廌,所以触不直者去之,从去。"这里的"廌"就是指神兽獬豸。

shāng tāng xíng　　zhōu jiǔ lǚ
商汤刑，周九吕。
zhì zhōu lǐ　　dìng shè jì
制周礼，定社稷。

商汤刑,周九吕。
商代和周代的立法以刑事方面为主。商汤制定了成文的刑事法律《汤刑》并适用于整个商代,西周制定了《九刑》和《吕刑》。

制周礼,定社稷。
西周初年,以周公为首的群体对长久形成的社会习惯和规范,从等级的立场制定周礼。周礼既包括国家的根本制度和人们具体的行为规范,又包括道德标准和生活仪节,自此对中华法系开始产生深入而持久的影响。

chūn qiū mò　　lǐ yuè luò
春秋末，礼乐落。
bǎi jiā míng　　kǒng mèng rén
百家鸣，孔孟仁。

春秋末，礼乐落。
春秋末期，周朝衰微，诸侯争霸，出现了所谓"礼崩乐坏"的局面，周礼逐渐失去"定社稷"的力量，宗族国家制度开始瓦解，君主集权制度开始兴起。

百家鸣，孔孟仁。
春秋战国时期在思想、文化上名家辈出、百家争鸣，对中国法律发展影响最大的是儒家和法家，儒家学派以孔子、孟子为代表，二人的思想体系合称"孔孟之道"，核心思想是"仁"，提倡"德治"。

魏李悝，法经归。
商鞅变，法治现。

魏李悝，法经归。

法家学派的鼻祖是李悝，公元前5世纪，魏文侯以李悝为相实行变法，李悝在总结各诸侯国立法与司法经验的基础上制定了中国古代第一部法典《法经》。

商鞅变，法治现。

公元前359年，法家的另一代表人物商鞅在秦国主持变法，提出并践行法家的"法治"理论。

秦律行，重用刑。
九章律，两汉宁。

释义

秦律行,重用刑。

秦始皇一统天下,也统一了六国的法律,在全国施行秦统一之前的《秦律》,以轻罪重罚为其主要特点。

九章律,两汉宁。

西汉初年,汉帝国盛行道家黄老之学,主张"重德轻刑""无为而治",东汉也不断推行释奴和减刑的措施,这些立法思想均体现在汉代法典《九章律》中,轻刑的思想客观上起到了让社会恢复生产、百姓休养生息的作用。

董仲舒，三策出。
汉武帝，独尊儒。

董仲舒，三策出。
汉武帝继位后，儒家大师董仲舒上奏章提出"天人三策"的主张，该主张的主要内容是："诸不在六艺之科、孔子之术者，皆绝其道，勿使并进。"董仲舒的建议得到汉武帝的采纳。

汉武帝，独尊儒。
汉武帝独尊儒术后，在汉代开始了法律的儒家化，这一过程中的典型事件是董仲舒的"春秋决狱"，即引用《春秋》的经义断案。

秦汉继,有判例。
廷行事,决事比。

释义

秦汉继,有判例。廷行事,决事比。

在秦汉期间,除有成文法典外,判例也是重要的法律存在形式。秦代的判例叫"廷行事",汉代的判例叫"决事比"。

sān guó jìn， nán běi cháo。
三国晋，南北朝。
bā yì dìng， guān dàng bǎo。
八议定，官当保。

三国晋，南北朝。八议定，官当保。

三国两晋南北朝时期，战事频繁、朝代交互，法律方面没有大的建树，但出现了一直延续至清朝的两种世族特权制度，一个是赋予贵族官僚司法特权的"议亲""议贵"等"八议"制度，一个是对贵族官僚以官品和爵位抵当徒流刑进行特殊保护的"官当"制度。

隋文帝，开皇律。
五刑设，十恶逆。

隋文帝，开皇律。五刑设，十恶逆。

隋文帝建国后以"宽简"为原则制定了中国历史上很有名的《开皇律》，《开皇律》对后世影响最大的方面是设立了以笞、杖、徒、流、死五种刑罚构成的刑罚体系，确立了加强国家统治的恶逆等"十恶"制度，这两项制度均延续至清末。

法制史 61

大唐律，附疏议。
如丰碑，东方立。

释义

大唐律，附疏议。如丰碑，东方立。

公元654年，唐高宗下令对《永徽律》逐条详细解释并阐明精神实质、立法意图和原则制度，称为"律疏"。"律疏"附于律文之下，合为一体颁行于天下。这部法典就是历史上大名鼎鼎的《唐律疏议》。《唐律疏议》不但代表着中国古代法典的最高水平，而且作为中华法系的典范之作，如一座丰碑屹立于世界法典之林，并对于之后日本、朝鲜、东南亚各国的立法产生了深远影响。

法制史

táng liù diǎn, xíng zhèng fàn.
唐六典，行政范。
lǜ lìng zhǔ, gé shì tián
律令主，格式填。

唐六典，行政范。
《唐六典》是中国历史上第一部比较系统的行政法典，是集秦汉以来行政立法大成之作。

律令主，格式填。
唐代法律的四种主要形式，即律、令、格、式，其中以律与令为主，格与式为补充，共同构成了唐代较为规范、成熟的一套法律体系，对后世立法意义重大。

法制史 65

sòng xíng tǒng　　lǐ xué zhǒng
宋刑统，理学种。
liáo jīn yuán　　mín zú lián
辽金元，民族连。

释义

宋刑统，理学种。

公元963年，宋太祖诏令颁行《宋刑统》。程朱理学的思想种子对宋代的立法有一定程度的影响。

辽金元，民族连。

辽、金、元三代立法的共同特点是连续反映了针对不同民族在立法上和法律适用上的不同。

大明律，皇朝基。
清继明，律例一。

释义

大明律，皇朝基。
明代洪武年间颁布的《大明律》，是中华法系另一部较有代表性的法典，是整个明朝的基本大法，并为清代所继承。

清继明，律例一。
清朝的主要法典《大清律例》基本是沿袭《大明律》而来，在编辑形式上采用了将"律"与"例"合编的方式。

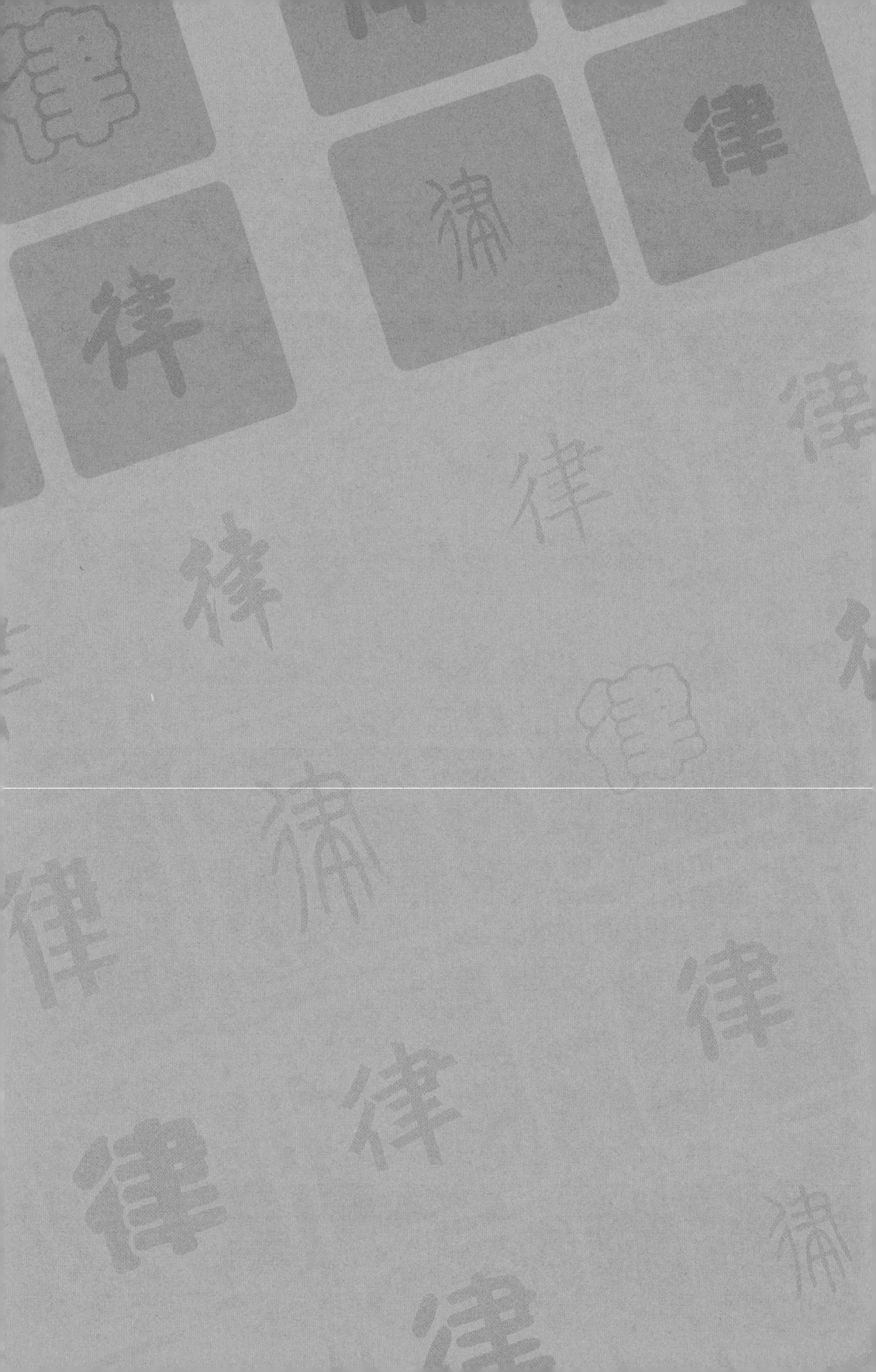

以案释法，以例为鉴。模拟法庭训练法律知识。

第一讲 诚信贵

chéng xìn mǎn　　dì wáng kuǎn　shēng yú xīn　shèn yú yán
诚 信 满，帝 王 款。生 于 心，慎 于 言。

shāng jūn mù　　wēi wēi xiàn　　jì bù nuò　　rú léi yuǎn
商 君 木，巍 巍 现。季 布 诺，如 雷 远。

[诗文释义]

　　诚信原则即诚实信用原则，只有满怀诚信才能最终得到他人和社会的满意与认可，才能最终取得成功。诚信原则在民法中被尊为"帝王条款"。诚信是根源于人的内心之法则，人们不能随意承诺，一旦承诺则绝不能食言，英美法系也有"禁止反言"的原则。遥想当年商鞅南门立木取信之事，仿佛那信物仍巍然屹立在南门外，向后世彰显着言而必信才能成就大业的深刻哲理。一诺值千金的季布啊，他郑重许诺的声音如穿越时空的一声响雷，从古代远远传播到现在，不断地警示着后人。

注释：

1. 帝王款：指诚信原则在民法中被尊为"帝王条款"，比喻本原则地位之崇高，作用之重要。

2. 商君木：指秦国商鞅立木取信的典故。

3. 季布诺：指秦末汉初楚人季布"一诺千金"的典故。

[概念解析]

1. 诚实信用原则
2. 贷款合同
3. 担保人

[法律规定]

《中华人民共和国民法总则》第七条 民事主体从事民事活动,应当遵循诚信原则,秉持诚实,恪守承诺。

《中华人民共和国民法典》[①] 第七条 民事主体从事民事活动,应当遵循诚信原则,秉持诚实,恪守承诺。

《中华人民共和国合同法》第六十条 当事人应当按照约定全面履行自己的义务。

当事人应当遵循诚实信用原则,根据合同的性质、目的和交易习惯履行通知、协助、保密等义务。

《中华人民共和国民法典》第五百零九条 当事人应当按照约定全面履行自己的义务。

当事人应当遵循诚信原则,根据合同的性质、目的和交易习惯履行通知、协助、保密等义务。

当事人在履行合同过程中,应当避免浪费资源、污染环境和破坏生态。

---

① 2020年5月28日,第十三届全国人民代表大会第三次会议通过《中华人民共和国民法典》,自2021年1月1日起施行。《中华人民共和国婚姻法》《中华人民共和国继承法》《中华人民共和国民法通则》《中华人民共和国收养法》《中华人民共和国担保法》《中华人民共和国合同法》《中华人民共和国物权法》《中华人民共和国侵权责任法》《中华人民共和国民法总则》同时废止。民法典是新中国第一部以法典命名的法律,开创了我国法典编纂立法的先河,具有里程碑意义。

[故事链接]

商鞅立木取信

　　公元前359年，秦孝公任命卫国的商鞅在秦国主持变法。商鞅为了新法令推出后，百姓能很好地执行，决定在变法前通过一个典型事例促使老百姓树立遵法、守信的意识。商鞅派人在秦国城墙南门立一木柱，贴出告示声明，如果有人能把这根木柱从南门搬到北门，就奖赏十金。老百姓看到告示，都认为不太可能，把木柱从南门搬到北门很容易的，这么容易的事，怎么会轻易得到赏赐？告示贴出后久久无人响应，商鞅便再次贴出告示，将奖赏从十金提高到五十金。正所谓重赏之下必有勇夫，有一个力气比较大的人站出来要试一试，他将木柱搬到北门后，商鞅立刻信守诺言兑现了赏金。从此以后，老百姓对商鞅说的话均深信不疑，对他颁布的法令都不敢不遵守，从而使商鞅的变法得到了很好的推行。

经典语录

得黄金百斤，不如得季布一诺。
——司马迁《史记·季布栾布列传》

私人的信用是财产，公众的荣誉是保证金。
——卢修斯·朱尼厄斯·布鲁特斯
（罗马共和国第一任执政官）

凡出言，信为先，诈与妄，奚可焉！
——《弟子规》

人而无信，不知其可也。
——《论语·为政》

[模拟案例]

A县农村信用合作联社诉石某及其父母助学贷款合同纠纷案

2004年10月13日，石某从A县农村信用合作联社借款6000元，用途是学费，期限三年，并由其父母提供担保。该款贷出后，石某于2004年12月24日偿还借款利息62.22元，2010年9月28日又偿付利息1009.25元。2012年7月9日，某联社向法院提起诉讼后又撤回起诉。至2014年起诉时石某尚欠本金5937.78元及利息1097.48元。

法院认为，双方签订的助学贷款合同是双方当事人真实意思表示，双方应自觉履行。现A县农村信用合作联社已按合同约定向石某提供了相应款项，履行了合同约定的义务，石某及其父母应当按照合同约定承担相应的还款及担保责任。涉案合同系在政府主导下，利用金融手段为帮助家庭贫困学生顺利完成学业而专门设立的国家助学借款项目。因学生本人尚无收入，需要学生家庭负担学生就学期间的生活、学习等支出费用。政府设立助学借款项目就是为了解决学子家庭的实际困难。所以，助学借款项目资助对象名义上是学生本人，但其实质是以学生家庭为信用基础而具体实施的借款项目。鉴于国家助学借款项目资助对象的专属性和政策性借款的实际要求，贷款合同中，一般将学生本人列为借款人，其父母通常情况下为共同借款人或担保人。本案助学贷款合同中，石某系借款人，其父母系担保人。法院判令石某自本判决生效之日起十日内偿还A县农村信用合作联社借款本金5937.78元及利息1097.48元，石某父母对上述款项承担连带清偿责任。

模法师导师教学指引

一、教学目的

通过诚信原则的教学，使学生掌握诚信原则的含义，能运用诚信原则判断、处理日常事务，理解法条的具体规定，理解在日常生活中严格遵守诚信原则的重要意义，了解诚信原则的历史起源、历史故事和法律人物。通过学习在学生内心逐渐培养、生发诚实守信的品格。

二、微话剧表演

1. 在导师指导下，选几位同学分商鞅组、百姓组两组，表演商鞅立木取信的微话剧。尽量让学生自由发挥，按自己的意愿选择故事的发展方向与台词。
2. 在导师指导下，选几位同学分石某及其父母、A县农村信用合作联社两组，表演借款和要求还款的微话剧。尽量让学生自由发挥，按自己的意愿选择故事的发展方向与台词。
3. 在微话剧表演时摄制视频，用于模拟开庭前的播放。

三、讲课内容

1. 讲授两个故事中共有的民事行为的基本原则之一，诚实信用原则。
2. 介绍《民法典》中关于诚信原则的法律规定。
3. 分析A县农村信用合作联社诉石某及其父母助学贷款合同纠纷案的法律问题并重点讲授其中关于诚信原则的应用。
4. 分析现代社会信用体系建设会给个人的生活与工作带来哪些影响。
5. 介绍商鞅立木取信的故事及商鞅其人。

四、分组准备

选择六至十名学生分审判人员、原告及其代理律师、被告及其代理律师、书记员四组，分别准备 A 县农村信用合作联社诉石某及其父母助学贷款合同纠纷案的模拟一审开庭。

五、模拟法庭

导师指导学生针对本案例开模拟法庭。

六、自由辩论

导师归纳在模拟开庭和微话剧表演中的一至三个争议焦点问题，选择二至六名同学进行自由辩论。

七、分组讨论

针对以下问题组织学生分组讨论十分钟，讨论结束后每组选派一名学生向大家脱稿报告讨论结果。

1. 结合 A 县农村信用合作联社诉石某及其父母助学贷款合同纠纷案分析，遵守诚信原则和不遵守诚信原则，哪个能使自己的利益最大化？
2. 如果你遵守诚信原则，与你合作的人并不遵守，你该怎样应对？

八、导师总结

导师根据各组讨论报告进行总结并引导学生进行思考，之后综合以上全部教学内容给学生讲解诗文的释义，要求学生理解并背诵。

九、学时分配

共 5 学时，其中微话剧表演 1 学时，讲课 1 学时，分组准备 1 学时，模拟开庭与辩论 1 学时，分组讨论 0.5 学时，导师总结 0.5 学时。

[模拟开庭法律文书参考范本]

一、民事起诉状

民事起诉状

原告：A县农村信用合作联社。

住所地：A县人民路西段路北。

法定代表人李某，该社理事长。

委托代理人赵某，某某律师事务所律师。

被告：石某，男，1983年3月15日出生，汉族，住A县B乡C村，现在A县某单位工作。

委托代理人李某，某某律师事务所律师。

被告：石甲，男，1951年4月16日出生，汉族，农民，住A县B乡C村，系石某父亲。

被告：祁某，女，1951年8月9日出生，汉族，农民，住A县B乡C村，系石某母亲。

诉讼请求：

1. 请求法院判令三被告偿还A县农村信用合作联社借款本金5937.78元及利息1097.48元。

2. 本案诉讼费由三被告承担。

事实与理由：

2004年10月13日，原告与被告协商后共同签订了助学贷款合同，由被告石某从原告处借款6000元，用于支付学费，担保人石甲、祁某，借款期限三年，约定利息为4.575‰，到期后双方签订展期合同，展期至2010年10月13日。2012年7月9日，因被告未按时偿还借款，原告向A县人民法院提起诉讼,之后经调解原告撤回起诉。

该款贷出后,被告于2004年12月24日偿还利息62.22元,2010年9月28日还利息1009.52元。被告至今尚欠本金6000元及利息1108.98元。经原告多次催要拒不偿付,故再次提起诉讼,根据《中华人民共和国合同法》第八条规定,依法成立的合同,对当事人具有法律约束力。当事人应当按照约定履行自己的义务。现被告拒不履行合同义务,请求法院依法判令三被告立即偿付所欠借款本金及利息。

此致
A县人民法院

起诉人:A县农村信用合作联社
2014年6月16日

附:本起诉状副本四份

二、民事答辩状

民事答辩状

答辩人:石某,男,1983年3月15日出生,汉族,住A县B乡C村,现在A县某单位工作。

答辩人因与A县农村信用合作联社贷款合同纠纷一案,针对原告起诉的事实与理由,答辩如下:

2004年10月13日被告石某与原告协商签订了助学贷款合同并从原告处借款6000元是事实。2004年被告还息62.22元,2005年被告还息400元,但原告未给被告开具利息还款单,2009年被告偿还利息1010元,并有单据为证。现被告并不否认借款事实,只是原告起诉认定归还的利息数与被告实际归还的利息数不符。

此外,原告所说的双方展期合同,该合同上的签字不是石某本人所签,而是石甲代签,所以该展期合同对石某并未生效,原告起诉石某属于主体不适格。另依据《中华人民共和国民法通则》第一百三十五条规定：向人民法院请求保护民事权利的诉讼时效期间为二年，法律另有规定的除外。所以原告主张的权利已过诉讼时效，应由其自身承担不利后果。请求法院依法驳回原告的诉讼请求。

　　此致
A县人民法院

答辩人：石某
2014年6月26日

附：本答辩状副本四份

三、原告证据清单

证据清单（原告提供）

第一组证据（共4份）

证据名称：
1. 借款借据一份，共1页；
2. 贷款合同一份，共1页；
3. 借款申请书一份，共1页。

证明目的：
证明双方存在借款事实。

证据来源：
留存文件。

第二组证据（共1份）

证据名称：
展期还款申请书一份，共1页。

证明目的：
证明双方协商同意申请延期还款。

证据来源：
留存文件。

第三组证据（共1份）

证据名称：

结算单一份，共1页。

证明目的：证明被告偿还部分欠款利息1071.71，仍欠有本金6000元和利息1108.98元未偿还。

证据来源：

留存文件。

第四组证据（共1份）

证据名称：

起诉书一份，共2页。

证明目的：

原告曾向法院主张过权利，其主张并未超过诉讼时效。

证据来源：

留存文件。

四、被告证据清单

证据清单（被告提供）

证据名称：

结息清单一份，共1页。

证明目的：

证明被告已向原告偿还欠款利息1472.22元。

证据来源：

留存文件。

五、原告委托代理人代理词

代理词

尊敬的审判长、审判员：

某某律师事务所受A县农村信用合作联社的委托，指派本律师，担任A县农村信用合作联社诉讼代理人。经代理人调取案件相关证据材料，参加今天的庭审，现围绕法庭归纳的争议焦点，提出以下代理意见，供法庭参考。

一、2004年10月13日原告与被告协商后共同签订了助学贷款合同，由被告石某从原告处借款6000元，用于支付学费，担保人石甲、祁某，借款期限三年。该合同系双方真实意思表示，也不存在《中华人民共和国合同法》第五十二条规定的无效情形，所以该合同自双方签字盖章后即为生效，双方应当履行合同约定义务。现被告拒不履行还款义务，严重违反合同约定，亦侵害了原告的合法权益。除去其已经偿还的利息1071.71元，还剩余本金6000元和利息1108.98元未偿还。被告应立即按照合同约定偿还上述借款。

二、双方贷款合同于2007年10月13日合同到期后重新签订《展期还款申请书》，展期到期日为2010年10月13日，原告于2012年7月9日向A县人民法院起诉后撤回诉讼，根据《中华人民共和国民法通则》关于诉讼时效的规定，诉讼时效自2012年7月9日起重新计算，故原告于2014年6月16日起诉并未超过诉讼时效。

以上代理意见，请合议庭参考。谢谢！

代理人：赵某

2015年2月15日

六、被告委托代理人代理词

代理词

尊敬的审判长、审判员：

我依法接受石某、石甲、祁某的委托，担任石某、石甲、祁某的诉讼代理人，出庭参与诉讼活动。现就将本案争议焦点和有关法律适用问题等，发表代理意见如下：

一、自 2004 年 10 月 13 日被告与原告协商签订了助学贷款合同后，被告于 2004 年还息 62.22 元，2005 年还息 400 元，2009 年被告偿还利息 1010 元，共计 1472.22 元，与原告起诉中所称 1071.71 元不符。

二、双方签订的展期合同并不是石某本人签字，而是石甲代签，所以该展期合同对石某并未生效，原告起诉石某属于主体不适格，应予以驳回。依据《中华人民共和国民法通则》第一百三十五条规定：向人民法院请求保护民事权利的诉讼时效期间为二年。法律另有规定的除外。所以原告主张的权利已过诉讼时效，应由其自身承担不利后果。

以上代理意见，请合议庭参考。谢谢！

代理人：李某

2015 年 2 月 15 日

七、判决书

A 县农村信用合作联社与石某、石甲、祁某金融贷款合同纠纷民事判决书

（2015）A 民终字第 36 号

原告：A 县农村信用合作联社，住所地 A 县人民路西段路北。

法定代表人李某，该社理事长。

委托代理人赵某，某某律师事务所律师。

被告：石某，男，1983 年 3 月 15 日出生，汉族，住 A 县 B 乡 C 村，现在某县某单位工作。

委托代理人李某，某某律师事务所律师。

被告：石甲，男，1951 年 4 月 16 日出生，汉族，农民，住 A 县 B 乡 C 村。

被告：祁某，女，1951 年 8 月 9 日出生，汉族，农民，住 A 县 B 乡 C 村。

原告 A 县农村信用合作联社与被告石某、石甲、祁某金融贷款合同

纠纷一案，经本院受理后，依法组成合议庭，于2015年2月15日公开开庭进行了审理。原告委托代理人赵某，被告石某、石甲、祁某，委托代理人李某到庭参加诉讼，本案现已审理终结。

原告A县农村信用合作联社诉称，2004年10月13日原告与被告协商后共同签订了助学贷款合同，由被告石某从原告处借款6000元，用于支付学费，担保人石甲、祁某，借款期限三年，约定利息为4.575‰，到期后双方签订展期合同，展期至2010年10月13日。2012年7月9日，因被告未按时偿还借款，原告向A院提起诉讼，之后经调解原告撤回起诉。该款贷出后，被告于2004年12月24日偿还利息62.22元。2010年9月28日还利息1009.52元。被告至今尚欠本金6000元及利息1108.98元。经原告多次催要拒不偿付，故再次提起诉讼，根据《中华人民共和国合同法》第八条规定：依法成立的合同，对当事人具有法律约束力。当事人应当按照约定履行自己的义务。现被告拒不履行合同义务，请求法院依法判令三被告立即偿付所欠借款本金及利息。

被告石某、石甲、祁某辩称，2004年10月13日被告与原告协商签订了助学贷款合同并从原告处借款6000元是事实。2004年被告还息62.22元，2005年被告还息400元，但原告未给被告开具利息还款单，2009年被告偿还利息1010元，并有单据为证。现原告起诉认定利息数与被告已归还的利息数不符。而且双方展期合同上的签字不是石某本人所签，是石甲代签，所以该展期合同对石某并未生效，所以原告起诉石某属于主体不适格。同时，依据《中华人民共和国民法通则》第一百三十五条规定：向人民法院请求保护民事权利的诉讼时效期间为二年。法律另有规定的除外。原告主张的权利已过诉讼时效，应由其自身承担不利后果。请求法院依法驳回原告诉讼请求。

经审理查明，2004年10月13日，被告石某从原告信用社借款6000元，用途是学费，期限三年，借款利率为4.575‰，并由其父母石甲、祁某提供担保，该款贷出后，被告2004年12月24日偿还借款利息62.22元，2010年9月28日又偿付利息1009.25元，至今尚欠本金6000元及该款利息1108.98元。2012年7月9日原告提起诉讼后又撤回起诉。

　　以上事实有原告、被告双方提交的借款借据、贷款合同、结算单、借款申请书、展期还款申请书、2012年7月9日起诉书、结息清单予以佐证。

　　本院认为，合法的债权债务关系应当受到法律保护。本案中，被告对涉案贷款合同及借款事实的真实性均予以认可。现原告已按合同约定向被告提供了相应款项，履行了合同约定的义务，被告应当按照合同约定承担相应的还款及担保责任。

　　关于展期合同的效力问题。原告提交的《展期还款申请书》中，在申请人（借款人）一栏处有"石某"的签名、印章及手印。现被告主张该处的签名并非石某本人所签，而是由其父亲石甲代写。本次涉案合同实质上是以学生家庭为信用基础的借款项目，鉴于国家助学借款项目资助对象的专属性和政策性以及借款的实际要求，贷款合同中，一般将学生本人列为借款人，其父母通常情况下为共同借款人或担保人。结合此案情况，石甲、祁某作为石某父母在处理涉案助学贷款合同相关事宜时，代石某本人所进行的行为，客观上是对石某有利的行为。根据《中华人民共和国合同法》第四十九条："行为人没有代理权、超越代理权或者代理权终止后以被代理人名义订立合同，相对人有理由相信行为人有代理权的，该代理行为有效。"被告石甲、祁某作为石某的父母，一直在对该款项的利息进行偿还，对于该展期合同的签订，石某从未表示过否认，基于三被告之间的特殊关系及涉案贷款合同的特殊性质，原告完全有理由相信石甲代石某在《展期还款申请书》上签字时，是有代理权的，该行为构成表见代理。故被告石甲主张其在《展期还款申请书》上签字的行为属无效民事行为的主张不能成立，本院不予支持。

　　关于三被告应当负担的本案贷款合同的本息数额。根据《国家助学借款财政贴息管理办法》的规定"国家助学借款实行借款学生在校期间100%由财政补贴，……借款学生毕业后自付利息的开始时间为其取得毕业证书之日的下月1日（含1日）"。故被告于2004年偿还原告的62.22元应抵顶借款本金，本金应变更为5937.78元。2010年9月

28日，被告偿还原告1009.25元。自2007年8月1日至2010年9月28日，按照合同约定的借款利率4.575‰计算，被告应当偿还的利息为1044.05元。因此，被告偿还的1009.25元应抵顶其应偿还的利息。现原告主张的借款利息1108.98元系2010年10月13日之后的利息，原告按加罚20%计收利息，本院予以准许。但原告本金数6000元应予纠正为5937.78元。对于被告主张2005年偿还原告400元利息的问题，因被告未提供其偿还该400元利息的相关证据，且原告对此亦不予认可，故被告的该项主张因缺乏事实依据不能成立，本院不予支持。

综上，依照《中华人民共和国合同法》第二百零六条、第二百零七条，判决如下：

一、被告石某自本判决生效之日起十日内偿付原告A县农村信用合作联社借款本金5937.78元及利息1097.48元。

二、被告石甲、祁某对上述款项承担连带清偿责任。

如未按本判决规定期限履行给付金钱义务，应当按照《中华人民共和国民事诉讼法》第二百五十三条之规定，加倍支付迟延履行期间的债务利息。

本案案件受理费50元，由三被告共同负担。

如不服本判决，可在判决书送达之日起十五日内向本院递交上诉状，并按对方当事人的人数提出副本，上诉于C省D市中级人民法院。

审判长　周某
审判员　张某
人民陪审员　李某
2015年2月25日
书记员　孙某
（院印）

[法律人物]

商鞅

　　商鞅（约公元前 395 年—前 338 年），卫国（今河南省安阳市）人，又称卫鞅、公孙鞅，因到秦国后被封于商地而得名商鞅。商鞅是战国时期的政治家、改革家、思想家，是法家的代表人物。

　　商鞅原任魏国国相公叔痤的中庶子。公叔痤病重时向魏惠王推荐商鞅，并向魏惠王说："商鞅很有才干，可以担任国相治理国家，但如果不用商鞅，一定要杀掉他。"魏惠王认为公叔痤已经病入膏肓，语无伦次，并不采纳。公叔痤见魏惠王不用商鞅，便将他对魏惠王所说的话告诉商鞅，让商鞅赶紧离开魏国。商鞅却说，魏惠王既然不采纳公叔痤用他之言，自然也不会采纳杀他之言，所以并没有立即离开魏国。公元前 362 年，秦孝公继位，在国内颁布了著名的求贤令。商鞅带着李悝的《法经》投奔秦国，通过秦孝公的宠臣景监见到孝公。商鞅第一次用帝道游说秦孝公，孝公听后直打瞌睡并通过景监指责商鞅是个狂妄之徒，不可任用。五日后，商鞅再次会见秦孝公，用王道之术游说，孝公仍不能接受并再次通过景监责备商鞅。商鞅第三次会见秦孝公时用霸道之术游说，畅谈富国强兵之策，孝公听得十分入迷，膝盖不知不觉地向商鞅挪动靠近，二人畅谈数日毫无倦意。景监不得其解，向商鞅询问缘由。商鞅告诉景监，秦孝公意在争霸天下，所以对需要时间太长才能取得成效的帝道、王道学说不感兴趣。通过商鞅的变法，秦国成为七国中的强国。商鞅执法不避权贵，坚持了法家的主张。商鞅制定的法律非常严酷，执法非常严格。公元前 338 年秦孝公去世，其子秦惠文王继位，商鞅被公子虔诬陷谋反，逃亡至边关，欲在客栈住宿，客栈主人见他未带任何凭证，告诉他"商君之法"规定，留宿无凭证的客人是要"连坐"治罪的，商鞅感叹不已，这就是成语"作法自毙"的来历。后商鞅战败死后，尸身被带回咸阳，处以车裂示众。

第二讲 酒驾危

yǐn wú jié dù kāng huǐ xú zhōu shī zhāng fēi lèi
饮无节，杜康悔，徐州失，张飞泪。

yú lí guǐ zhào shì lěi xié jiǔ xíng èr zuì wēi
舆离轨，肇事累，携酒行，二罪危。

[诗文释义]

君子如果饮酒没有节制，则失去了酿酒始祖杜康当初酿酒的本意，他也会为因酒过致祸而悔不当初。因醉酒痛失徐州的张飞，悔恨之泪无法挽回对其成就大业和一世英名的损失。行车如果不遵守规则，越轨而驶，终将导致交通肇事的不良后果。若是饮酒甚至醉酒驾驶，等待着的将是危险驾驶罪和以危险方法危害公共安全罪的惩罚。

注释：
1. 杜康：中国古代传说中的"酿酒始祖"。
2. 徐州失，张飞泪：见《三国演义》第十四回"张飞醉酒失徐州"的故事。
3. 舆：车子的古称。
4. 二罪：指危险驾驶罪和以危险方法危害公共安全罪。

[概念解析]

1. 民事责任、刑事责任与行政责任
2. 交通肇事罪、危险驾驶罪与以危险方法危害公共安全罪

[法律规定]

《中华人民共和国刑法》第一百三十三条　违反交通运输管理法规，因而发生重大事故，致人重伤、死亡或者使公私财产遭受重大损失的，处三年以下有期徒刑或者拘役；交通运输肇事后逃逸或者有其他特别恶劣情节的，处三年以上七年以下有期徒刑；因逃逸致人死亡的，处七年以上有期徒刑。

《中华人民共和国刑法》第一百三十三条之一　在道路上驾驶机动车，有下列情形之一的，处拘役，并处罚金：（一）追逐竞驶，情节恶劣的；（二）醉酒驾驶机动车的；（三）从事校车业务或者旅客运输，严重超过额定乘员载客，或者严重超过规定时速行驶的；（四）违反危险化学品安全管理规定运输危险化学品，危及公共安全的。

机动车所有人、管理人对前款第三项、第四项行为负有直接责任的，依照前款的规定处罚。

有前两款行为，同时构成其他犯罪的，依照处罚较重的规定定罪处罚。

《中华人民共和国刑法》第一百一十五条　放火、决水、爆炸以及投放毒害性、放射性、传染病病原体等物质或者以其他危险方法致人重伤、死亡或者使公私财产遭受重大损失的，处十年以上有期徒刑、无期徒刑或者死刑。

过失犯前款罪的，处三年以上七年以下有期徒刑；情节较轻的，处三年以下有期徒刑或者拘役。

《中华人民共和国刑法》第十八条第四款　醉酒的人犯罪，应当负刑事责任。

《中华人民共和国治安管理处罚法》第十五条　醉酒的人违反治安管理的，应当给予处罚。

醉酒的人在醉酒状态中，对本人有危险或者对他人的人身、财产或

者公共安全有威胁的，应当对其采取保护性措施约束至酒醒。

《中华人民共和国道路交通安全法》第十九条第一款　驾驶机动车，应当依法取得机动车驾驶证。

《中华人民共和国道路交通安全法》第二十二条　机动车驾驶人应当遵守道路交通安全法律、法规的规定，按照操作规范安全驾驶、文明驾驶。

饮酒、服用国家管制的精神药品或者麻醉药品，或者患有妨碍安全驾驶机动车的疾病，或者过度疲劳影响安全驾驶的，不得驾驶机动车。

任何人不得强迫、指使、纵容驾驶人违反道路交通安全法律、法规和机动车安全驾驶要求驾驶机动车。

[故事链接]

张飞醉酒失徐州

却说玄德在徐州，闻使命至，出郭迎接。开读诏书，却是要起兵讨袁术。玄德领命，送使者先回。糜竺曰："此又是曹操之计。"玄德曰："虽是计，王命不可违也。"遂点军马，克日起程，孙乾曰："可先定守城之人。"玄德曰："二弟之中，谁人可守？"关公曰："弟愿守此城。"玄德曰："吾早晚欲与尔议事，岂可相离？"张飞曰："小弟愿守此城。"玄德曰："你守不得此城。你一者酒后刚强，鞭挞士卒；二者作事轻易，不从人谏。吾不放心。"张飞曰："弟自今以后，不饮酒，不打军士，诸般听人劝谏便了。"糜竺曰："只恐口不应心。"飞怒曰："吾跟哥哥多年，未尝失信，你如何轻料我！"玄德曰："弟言虽如此，吾终不放心。还请陈元龙辅之，早晚令其少饮酒，勿致失事。"

却说张飞自送玄德起身后，一应杂事，俱付陈元龙管理。军机大务，自家参酌。一日，设宴请各官赴席。众人坐定，张飞开言曰："我兄临去时，分付我少饮酒，恐致失事。众官今日尽此一醉，明日都各戒酒，帮我守城。今日却都要满饮。"言罢，起身与众官把盏。酒至曹豹面前，豹曰："我从天戒，不饮酒。"飞曰："厮杀汉如何不饮酒？我要你吃一盏。"豹惧怕，只得饮了一杯。张飞把遍各官，自斟巨觥，连饮了几十杯，不觉大醉，却又起身与众官把盏。酒至曹豹，豹曰："某实不能饮矣。"飞曰："你恰才吃了，如今为何推却？"豹再三不饮。飞醉后使酒，便发怒曰："你违我将令该打一百！"便喝军士拿下。陈元龙曰："玄德公临去时，分付你甚来？"飞曰："你文官，只管文官事，休来管我！"曹豹无奈，只得告求曰："翼德公，看我女婿之面，且恕我罢。"飞曰："你女婿是谁？"豹曰："吕布是也。"飞大怒曰："我本不欲打你；你把吕布来唬我，我偏要打你！我打你，便是打吕布！"诸人劝不住。将曹豹鞭至五十，众人苦苦告饶，方止。

席散，曹豹回去，深恨张飞，连夜差人赍书一封，径投小沛见吕布，备说张飞无礼，且云：玄德已往淮南。今夜可乘飞醉，引兵来袭徐州，不可错此机会。吕布见书，便请陈宫来议。宫曰："小沛原非久居之地。今徐州既有可乘之隙，失此不取，悔之晚矣。"布从之，随即披挂上马，领五百骑先行，使陈宫引大军继进，高顺亦随后进发。

小沛离徐州只四五十里，上马便到。吕布到城下时，恰才四更，月色澄清，城上更不知觉。布到城门边叫曰："刘使君有机密使人至。"城上有曹豹军报知曹豹，豹上城看之，便令军士开门。吕布一声暗号。众军齐入，喊声大举。张飞正醉卧府中，左右急忙摇醒，报说："吕布赚开城门，杀将进来了！"张飞大怒，慌忙披挂，绰了丈八蛇矛；才出府门上得马时，吕布军马已到，正与相迎。张飞此时酒犹未醒，不能力战。吕布素知飞勇，亦不敢相逼。十八骑燕将，保着张飞，杀出东门，玄德家眷在府中，都不及顾了。（摘自《三国演义》第十四回"曹孟德移驾幸许都　吕奉先乘夜袭徐郡"）

经典语录

年方少，莫饮酒，饮酒醉，最为丑。
——《弟子规》

酒极则乱，乐极则悲。
——司马迁《史记·滑稽列传》

[典型案例]

宋某醉酒无证驾车案

（2009年9月11日最高人民法院将本案作为醉酒驾车导致他人死亡、重伤的典型案件发布）

2008年5月，被告人宋某购买一辆车牌号为川A**K66的别克轿车。之后，宋某在未取得驾驶证的情况下长期驾驶该车，并多次违反交通法规。同年12月14日中午，宋某与其父母为亲属祝寿，大量饮酒。当日17时许，宋某驾驶其别克轿车行至A省B市成龙路"蓝谷地"路口时，从后面撞向与其同向行驶的车牌号为川A9T**2的一辆比亚迪轿车尾部。肇事后，宋某继续驾车超限速行驶，行至成龙路"卓锦城"路段时，越过中心黄色双实线，先后与对面车道正常行驶的车牌号分别为川AUZ**2的长安奔奔轿车、川AK**69的长安奥拓轿车、川AVD**1的福特蒙迪欧轿车、川AMC**7的奇瑞QQ轿车等4辆轿车相撞，造成车牌号为川AUZ**2的长安奔奔轿车上的张某、尹某夫妇和金某、张某某夫妇死亡，代某重伤，以及公私财产损失5万余元。经鉴定，宋某驾驶的车辆碰撞前瞬间的行驶速度为134—138公里/小时；宋某案发时血液中的乙醇含量为135.8毫克/100毫升。案发后，宋某的亲属赔偿被害人经济损失11.4万元。

A省B市人民检察院指控被告人宋某犯以危险方法危害公共安全罪，向B市中级人民法院提起公诉。B市中级人民法院于2009年7月22日以（2009）C刑初字第158号刑事判决，认定被告人宋某犯以危险方法危害公共安全罪，判处死刑，剥夺政治权利终身。宣判后，宋某向A省高级人民法院提出上诉。

A省高级人民法院审理期间，被告人宋某之父表示愿意代为赔偿被害人的经济损失，社会各界人士也积极捐款帮助赔偿。经法院主持调解，宋父代表宋某与被害方达成民事赔偿协议，并在身患重病、家庭经济并不宽裕的情况下，积极筹款赔偿了被害方经济损失，取得被害方一定程度的谅解。

A省高级人民法院审理认为，被告人宋某无视交通法规和公共安全，在未取得驾驶证的情况下，长期驾驶机动车辆，多次违反交通法规，且在醉酒驾车发生交通事故后，继续驾车超限速行驶，冲撞多辆车辆，造成数人伤亡的严重后果，说明其主观上对危害结果的发生持放任态度，具有危害公共安全的间接故意，其行为已构成以危险方法危害公共安全罪。宋某犯罪情节恶劣，后果严重。但鉴于宋某是间接故意犯罪，不希望、也不积极追求危害后果发生，与直接故意驾车撞击车辆、行人的犯罪相比，主观恶性不是很深，人身危险性不是很大；犯罪时处于严重醉酒状态，其对自己行为的辨认和控制能力有所减弱；案发后，真诚悔罪，并通过亲属积极筹款赔偿被害方的经济损失，依法可从轻处罚。据此，A省高级人民法院于2009年9月8日作出（2009）D刑终字第690号刑事判决，认定被告人宋某犯以危险方法危害公共安全罪，判处无期徒刑，剥夺政治权利终身。

模法师导师教学指引

一、教学目的

通过对宋某醉酒无证驾车案的学习和对民事责任、刑事责任、行政责任、交通肇事罪、危害公共安全罪与危险驾驶罪等概念的讲解，使学生理解交通肇事罪的构成，理解危害公共安全罪与危险驾驶罪的构成。让学生通过了解遵守交通规则的重要性，明白一切社会规则都是为人们的共同利益而制定的，只有严格遵守规则才能保护他人，同时也才能保护自己。丧失自制或心存侥幸，将受到法律的严厉制裁，也会给自己和他人的生命、财产造成无法挽回的损失。让学生理解醉酒违法应当承担法律责任，要从小确立"年少勿饮酒，饮酒必有节"的观念。通过学习同时让学生了解《三国演义》、拿破仑等古典名著和历史人物。

二、微话剧表演

1. 在导师指导下，选几位同学分组，表演张飞醉酒失徐州的微话剧。让学生自由发挥，按自己的意愿选择故事的发展方向与台词。
2. 在导师指导下，选几位同学分组，表演宋某醉酒无证驾车的微话剧。让学生自由发挥，按自己的意愿选择故事的发展方向与台词。
3. 在微话剧表演时摄制视频，用于模拟开庭前的播放。

三、讲课内容

1. 讲授民事责任、刑事责任、行政责任、交通肇事罪、危害公共安全罪与危险驾驶罪六个概念。
2. 给学生介绍《刑法》《治安管理处罚法》《道路交通安全法》的相关规定。
3. 给学生分析宋某醉酒无证驾车案的法律问题并结合案情对交通肇

事罪、危害公共安全罪与危险驾驶罪三个罪名进行初步分辨。

4. 给学生介绍张飞醉酒失徐州的故事及法律人物拿破仑。

四、分组准备

选择六至十名学生分审判人员、公诉人、被告人及辩护律师、法警与书记员四组，分别准备宋某醉酒无证驾车案的模拟一审开庭。

五、模拟法庭

导师指导学生针对本案例开模拟法庭。

六、自由辩论

导师归纳在模拟开庭和微话剧表演中的一至三个争议焦点问题，选择二至六名同学进行自由辩论。

七、分组讨论

针对以下问题组织学生分组讨论十分钟，讨论后每组选派一名学生向大家脱稿报告讨论结果。

1. 饮酒的好处多还是害处多，如何把握为妥？
2. 你是否见过或听说过家人或亲戚酒后驾车的情形，下次碰到这种情形你会怎么做？

八、导师总结

导师根据各组讨论报告进行总结并引导学生进行思考，之后综合以上全部教学内容给学生讲解诗文的释义，要求学生理解并背诵。

九、学时分配

共5学时，其中微话剧1学时，讲课1学时，分组准备1学时，模拟开庭与辩论1学时，分组讨论0.5学时，导师总结0.5学时。

[模拟开庭法律文书参考范本]

一、人民检察院起诉书

A省B市人民检察院起诉书

B检公诉刑诉〔2009〕07号

被告人宋某，男，1979年5月9日出生，身份证号码XXXX，汉族，高中文化，信息技术从业人员，户籍所在地重庆市沙坪坝区，住A省B市高新技术产业开发区芳草街。因涉嫌交通肇事罪于2008年12月15日被A省B市公安局刑事拘留，于2008年12月25日经本院批准，以涉嫌以危险方法危害公共安全罪于次日被A省B市公安局执行逮捕。

本案由A省B市公安局侦查终结，以被告人宋某涉嫌以危险方法危害公共安全罪，于2009年2月26日向本院移送审查起诉。本院受理后，于2009年2月28日已告知被告人有权委托辩护人，已告知被害人及其近亲属有权委托诉讼代理人。依法讯问了被告人，听取了辩护人、被害人及其诉讼代理人的意见，审查了全部案件材料。经依法审查查明：

2008年5月28日，被告人宋某购买车牌号为川A**K66的别克轿车一辆，之后在未取得合法驾驶资格的情况下，长期无驾驶证驾驶，并有多次交通违法记录。2008年12月14日中午，宋某与其父母在位于B市市区东侧的成华区万年场"四方阁"酒楼为亲属祝寿，期间大量饮酒。结束后，宋某驾驶川A**K66别克轿车行至成龙路"蓝谷地"路口时，从后面冲撞与其同向行驶的川A9T**2比亚迪轿车尾部。其后，宋某继续驾车向前超速行驶，当行至限速60km/h的成龙路"卓锦城"路段时，以超过130km/h的速度，越过道路中心黄色双实线，先后撞向对面正常行驶的川AUZ**2长安奔奔轿车、川AK**69长安奥拓轿车、川AVD**1福特蒙迪欧轿车、川AMC**7奇瑞QQ轿车，造成川AUZ**2长安奔奔轿车内驾驶员张某，乘客尹某、金某、张某某死亡，代某重伤，公私财产损失5万余元。交通警察接群众报案后赶至现场将宋某抓获。经鉴定，宋某案发时血液中的乙醇含量为135.8mg/100ml。

认定上述事实的证据如下:

物证、书证、现场勘查笔录、鉴定意见、证人证言、被害人陈述、被告人供述等。

本院认为,被告人宋某无视国家交通安全法规和公共安全,在未领取驾驶执照的情况下,长期无证驾驶机动车辆,且在醉酒后,在车辆、人群密集之处超速驾驶车辆,与正常行使的多辆机动车相撞,造成四人死亡、一人重伤和公私财产损失的严重后果,其行为已触犯《中华人民共和国刑法》第一百一十五条第一款之规定,犯罪事实清楚,证据确实充分,应当以以危险方法危害公共安全罪追究其刑事责任。我院根据《中华人民共和国刑事诉讼法》第一百四十一条的规定,提起公诉,请依法判处。

此致
A省B市中级人民法院

检察员:赵某某

2009年6月25日

附:1.被告人宋某现羁押于B市看守所;
2.诉讼卷3册。

二、公诉人举证提纲

举证提纲

第一组证据

证实被告人宋某购买机动车并长期无证驾驶、多次违章的事实。包括:
1. 宋某身份证明;
2. B市公安局交通管理局机动车驾驶证查询结果;
3. B市公安局交通管理局机动车查询记录;
4. 川A**K66车交通违法未处理电子眼记录;
5. 证人证言。

第二组证据

证实被告人宋某在案发当日大量饮酒并酒后驾驶机动车在人员、车辆密集处，违章越过双实线超速行驶冲撞多辆机动车，以危险方法危害公共安全的事实。包括：

1. 接受刑事案件登记表；
2. 抓获经过；
3. 唾液提取笔录及四川华西法医学鉴定中心检验报告书；
4. 证人周某、付某、王某对宋某的辨认笔录；
5. 涉嫌酒后驾车人员血样提取表及四川华西法医学鉴定中心鉴定报告；
6. 交通事故现场勘查笔录、现场示意图及照片；
7. 交通事故责任认定书；
8. 中国科学院成都分院测试结果报告；
9. 四川华西机动车司法鉴定所司法鉴定检验报告书；
10. 证人证言；
11. 宋某的供述。

第三组证据

证明被告人宋某危害公共安全的行为造成四人死亡、一人重伤、公私财物损失的严重后果。包括：

1. 交通事故尸表检验报告及尸检报告、尸检照片；
2. B市公安局物证鉴定所作出的伤情鉴定；
3. 被害人身份信息；
4. A省道路交通事故物损鉴定结论书；
5. B市锦江区园林林业局关于成龙路车祸绿化损毁情况的说明；
6. 证人证言。

三、公诉意见书

A 省 B 市人民检察院公诉意见书

被告人：宋某
案由：以危险方法危害公共安全罪
起诉书号：B 检公诉刑诉〔2009〕07 号

审判长、审判员：

根据《中华人民共和国刑事诉讼法》的规定，我受 A 省 B 市人民检察院的指派，代表本院，以国家公诉人的身份，出席法庭支持公诉，并依法对刑事诉讼实行法律监督。现对本案证据和案件情况发表如下意见，请法庭注意。

通过公安机关提交的接受刑事案件登记表、鉴定结论、交通事故现场勘查笔录、现场图及照片、被害人陈述、被告人供述、证人证言、被告人身份资料、道路监控资料等证据证实，被告人宋某自购买涉案别克轿车以来，一直无证上路行驶，并有多次交通违法的记录。在案发当日，被告人宋某醉酒后驾驶车辆在成龙路"蓝谷地"路口从后面撞上正常行驶的川 A9T**2 比亚迪轿车尾部后，未选择及时停止其违法行为，而是为了逃避处罚不顾公共安全，选择了高速驾车逃逸，窜至成龙路"卓锦城"路段时，以超过每小时 130 公里的速度向右绕行强行超车后又向左迅速绕回，越过道路中心黄色双实线，猛烈冲撞对面正常行驶的川 AUZ**2 长安奔奔轿车、川 AK**69 长安奥拓轿车、川 AVD**1 福特蒙迪欧轿车、川 AMC**7 奇瑞 QQ 轿车，造成四死一重伤、公私财产损失 5 万余元的严重后果。

本案中被告人作为具有完全行为能力的成年人，其是明知酒后驾车的危险性，在第一次与川 A9T**2 比亚迪轿车发生撞击后，被告人为逃避法律制裁，选择高速驾车逃逸，在明知道路上存在多个不特定的主体以及自身行为违反法律规定的前提下，全然不顾其他人的生命安全，进行具有极高危险性的驾驶活动，并故意放任危险结果的发生，最终在严重醉酒的情况下，危险驾车行驶于车辆、人群密集之处，造成四死一重伤及他人财产损失数万元的严重后果，其蔑视法律规定及他人生命的行为已触犯《中华人民共和国刑法》第一百一十五条规定的以危险方法危害公共安全罪，且主观恶性大，情节特别恶劣，应予以严惩。

综上所述，本案被告人宋某的犯罪事实清楚，证据确实充分，依法应当认定被告人犯以危险方法危害公共安全罪，并建议判处被告人宋某死刑，并处剥夺政治权利终身。

公诉人：赵某
2009 年 7 月 15 日

四、辩护词

辩护词

本律师依法接受本案被告宋某的委托，担任宋某醉酒驾驶案辩护人。接受委托后，辩护人认真查阅了案卷材料，参加法庭审理。辩护人认为起诉书中对部分事实认定不清，定性不当，理由如下：

一、本案被告并不具有以危险方法危害公共安全罪的主观动机

本案事发后，宋某头部也受到重创缝合十多针，当本人已经明知自己的生命与财产安全会因两车剧烈撞击遭受巨大威胁时，正常人的做法都会是及时采取措施避免撞击的发生，而不是放任撞击带来的车毁人亡结果的出现，除非因其他因素介入导致车辆失控，或者本人意识已不清晰，控制能力下降，否则宋某不会用自杀式的极端方法故意危害公共安全，并结合宋某的供述，其当时是为了躲避旁边白色轿车的剐蹭而进行的避险行为，其主观属于过失，宋某并不希望更不追求此次危害结果的发生。

二、本案被告对本案中受害人的伤亡及财产损失持"放任"的"间接故意"是缺乏证据支持的

首先，《中华人民共和国刑法》第十四条规定："明知自己的行为会发生危害社会的结果，并且希望或者放任这种结果发生，因而构成犯罪的，是故意犯罪。"从该规定来看，希望危害结果发生称为直接故意，放任危害结果发生的称为间接故意。不论是直接还是间接故意，行为人都要认识到自己的行为所发生危害后果的必然性。本案中，在宋某醉酒驾驶时的主观心态是对无证醉酒超速驾驶违反《道路交通安全法》行为故意的心态，而对出现"危害不特定多数人的生命、财产安全"这样的结果却不是故意。控方无充分证据证明被告行为必然导致危害不特定多数人结果发生，而宋某案发前送父母的行为恰恰说明他没有意识到这种结果的必然性。

其次，辩方认为本案被告对受害人的伤亡及财产损失是过于自信的过失。行为人虽然对违反交通运输管理法规的行为持故意态度，但是对于致人死亡的结果是持过失态度的。虽然宋某认识到自己酒后无证驾驶行为违反交通运输管理法规，这并不等于刑法上的故意，因为这种认识并不表明行为人希望或者放任本次危害结果的发生，故不成立刑法上的故意，作为主观构成要件要素的故意，不同于行为人犯罪时的实际心态。所以综合证据及宋某之前行为可以看出，宋某是希望结果不发生，但是结果的发生违背行为人的意志，属于过于自信的过失。

三、被告人宋某在抓捕人员到场时并未离开，具有自首情节，且系初犯，归案后主动向公安机关供述自己的犯罪事实，希望法院对宋某予以减轻处罚。

综上所述，本案对被告无证、醉酒、超速驾驶必然导致不特定多数人的生命财产损失持故意心态的认定存在明显的证据不足和适用法律错误。在有罪和无罪、罪重与罪轻的证据证明力大小难以区分的情况下，应推定被告人无罪或者罪轻。因此辩护人认为本案被告所犯的是交通肇事罪，且具有减轻处罚情节。

辩护人：周某

2009年7月15日

五、判决书

A省B市中级人民法院刑事判决书

（2009）B刑初字第158号

公诉机关A省B市人民检察院。

被告人宋某，男，1979年5月9日出生，身份证号码XXXX。因涉嫌犯以危险方法危害公共安全罪，于2008年12月15日被A省B市公安局刑事拘留，2008年12月25日以涉嫌以危险方法危害公共安全罪被A省B市公安局执行逮捕，现羁押于B市看守所。

辩护人周某，某某律师事务所律师。

A省B市人民检察院以B检公诉刑诉〔2009〕07号起诉书指控被

告人宋某犯以危险方法危害公共安全罪，于2009年6月25日向本院提起公诉。本院依法组成合议庭，公开开庭进行了审理。A省B市人民检察院指派检察员赵某某出庭支持公诉，被告人宋某及其辩护人周某均到庭参加诉讼。现已审理终结。

A省B市人民检察院指控：

被告人宋某2008年5月28日购买了车牌号为川A**K66的别克牌轿车，并长期无证驾驶。2008年12月14日中午，宋某与其父母为亲属祝寿，期间大量饮酒。当日，宋某驾驶川A**K66轿车送完父母后，行至成龙路"蓝谷地"路口，宋某驾车从后面冲撞与其同向行驶的川A9T**2比亚迪轿车尾部。其后，宋某继续驾车向前超速行驶，并在成龙路"卓锦城"路段越过中心黄色双实线，先后与对面车道正常行驶的车牌号分别为川AUZ**2的长安奔奔轿车、川AK**69的长安奥拓轿车、川AVD**1的福特蒙迪欧轿车、川AMC**7的奇瑞QQ轿车等4辆轿车相撞，造成车牌号为川AUZ**2的长安奔奔轿车上的张某、尹某夫妇和金某、张某某夫妇死亡，代某重伤，以及公私财产损失5万余元。交通警察接群众报案后赶至现场将宋某抓获，经鉴定，宋某驾驶的车辆碰撞前瞬间的行驶速度为134—138公里/小时；宋某案发时血液中的乙醇含量为135.8mg/100ml。

A省B市人民检察院向本院移送了指控被告人宋某犯罪的证人证言、被告人供述与辩解、鉴定意见、现场勘查笔录、视听资料等证据，认为被告人宋某的行为触犯了《中华人民共和国刑法》第一百一十五条之规定，应当以以危险方法危害公共安全罪追究其刑事责任，提请本院依法判处。

在法庭审理中，被告人宋某对起诉书指控的事实未提出异议，辩称其行为不构成以危险方法危害公共安全罪。

被告人宋某辩护人的辩护意见是：宋某的行为构成交通肇事罪，是躲避旁边白色轿车的剐蹭而进行的避险行为，其主观属于过失。并且宋某在抓捕人员到场时并未离开，具有自首情节，且系初犯，能够主动向公安机关供述自己的犯罪事实，希望法院对宋某予以减轻处罚。

经审理查明：

被告人宋某于2008年12月14日中午，驾驶川A**K66轿车送完父母后，行至成龙路"蓝谷地"路口，宋某驾车从后面冲撞与其同向行驶的川 A9T**2 比亚迪轿车尾部。其后，宋某继续驾车向前超速行驶，并在成龙路"卓锦城"路段越过中心黄色双实线，先后与对面车道正常行驶的车牌号分别为川 AUZ**2 的长安奔奔轿车、川 AK**69 的长安奥拓轿车、川 AVD**1 的福特蒙迪欧轿车、川 AMC**7 的奇瑞 QQ 轿车等 4 辆轿车相撞，造成车牌号为川 AUZ**2 的长安奔奔轿车上的张某、尹某夫妇和金某、张某某夫妇死亡，代某重伤，以及公私财产损失 5 万余元。交通警察接群众报案后赶至现场将宋某抓获，经鉴定，宋某驾驶的车辆碰撞前瞬间的行驶速度为 134—138 公里／小时；宋某案发时血液中的乙醇含量为 135.8mg/100ml。被告人宋某作案后在他人已经报警的情况下没有离开，于案发当日被民警查获归案，归案后如实供述主要犯罪事实。

综合辩护人的辩护意见及出庭检察员提出的检察意见，综合本案证据材料本院认为：

被告人宋某作为受过一定教育、具有完全刑事责任能力的人，明知必须经过相关培训并经考试合格，取得驾驶执照后才能驾驶机动车辆，但其无视国家交通安全法规和公共安全，在未领取驾驶执照的情况下，长期无证驾驶机动车辆并多次违反交通法规。且在醉酒后，驾车行驶于车辆、人群密集之处，对公共安全构成直接威胁，在发生追尾交通事故后，仍置不特定多数人的生命、财产安全于不顾，继续驾车超速行驶，跨越禁止超越的道路中心黄色双实线，与对方正常行驶的多辆车辆相撞，造成 4 人死亡、1 人重伤、公私财产损失达数万元的严重后果，其行为已构成以危险方法危害公共安全罪，且其情节特别恶劣、后果特别严重，应依法予以严惩。公诉机关指控被告人宋某的犯罪事实和罪名成立，本院予以支持。

关于被告人宋某所提其不是故意犯罪的辩解及其辩护人所提被告人宋某的行为应构成交通肇事罪的辩护意见，本院认为，结合本案现有证据和被告人宋某的犯罪事实，被告人宋某在明知自己没有驾驶执照，没有相应的机动车驾驶能力的情况下，仍然长期驾驶机动车辆并多次违反交通法规，反映出其对交通安全法规以及他人生命、健康和财产安全的漠视。且被告人宋某应当知道在醉酒情况下，驾车超速行驶、跨过不能超越的双实线，会危害不特定他人的生命、健康或财产安全，但仍放任结果的发生，其主观心态已不属过失；依据审理查明的事实，本案被害人死伤和公私财产损失，并非系被告人宋某在"疏忽大意"或"轻信能够避免"的情况下造成，而是其故意所致。故对此辩解及辩护意见，本院不予采纳。

　　本案系目击群众报案，公安民警是在接到群众报案之后赶到现场，在群众指认下抓获被告人宋某并将其送往医院救治。本案中被告人宋某并未主动向公安机关投案，也无在公安机关尚未掌握其犯罪事实时主动向公安机关供述自己犯罪事实的行为，因此被告人宋某的行为并不符合我国刑法对自首的规定，故对此辩护意见，本院不予采纳；关于请求对被告人宋某从轻处罚的辩护意见，本院认为，本案被告人宋某的行为给被害人及其家属造成了无法弥补的损失，并具有极大的社会危害性，因此被告人宋某不具有从轻处罚的情节。

　　综上，本院认为，对被告人宋某应以以危险方法危害公共安全罪定罪处罚。依照《中华人民共和国刑事诉讼法》第一百八十九条第（二）项和《中华人民共和国刑法》第一百一十五条第一款、第五十七条第一款之规定，作出如下判决：

　　被告人宋某犯以危险方法危害公共安全罪，判处死刑，剥夺政治权利终身。

　　如不服本判决，可在接到判决书的第二日起十日内，通过本院或者直接向 A 省高级人民法院提起上诉，书面上诉的，应当提交上诉状正本一份，副本二份。

审判长　赵某
代理审判员　林某
代理审判员　黄某
2009 年 7 月 30 日
　　书记员　张某
（院印）

[法律人物]

拿破仑

　　拿破仑·波拿巴（1769—1821年），法兰西第一帝国的缔造者，法兰西第一共和国第一执政，法兰西第一帝国皇帝。1814年，反法联军攻陷巴黎，拿破仑第一次退位，"百日政变"后第二次退位，被囚禁在太平洋圣赫勒拿岛。1821年5月5日在该岛病逝，享年52岁。1804年《法国民法典》的产生与拿破仑个人的贡献分不开。1800年8月，时任第一执政的拿破仑即委派普雷梅阿纽、波塔利斯、特龙歇、马勒维尔等人组成民法典编纂委员会。委员会经过4个月的努力完成了民法典草案的编纂工作。拿破仑本人也积极参与到民法典的起草工作中。在他看来，民法典既是权力的工具，又是征服的武器。对内，民法典应当奠定和构建新的社会秩序，对外，它应当摧毁旧世界并将人们的精神纳入法国模式。由于他的主导性作用，法典的风格、结构和内容在许多方面都体现了他的思想。例如，拿破仑在草案起草中坚持民法典必须明确简练、清楚易懂，能够为一般民众所接受，能够成为和《圣经》一样的几乎公民人手一册的通用读物，并成为指导每个公民行为的准则。因此，民法典草案语句流畅、格调优美，堪称文学杰作。法国文学家司汤达1840年曾给巴尔扎克写信，说他在写作《巴马修道院》时，每天早上都要读几遍民法典，以便"把准音调"。巴戴尔称："没有比民法典的最初文笔更加纯洁的文字"。参事院为审议民法典草案召集的107次会议中，拿破仑亲自主持的就有55次之多。由于拿破仑在《法国民法典》编纂中的贡献，这部民法典也先后于1807年、1852年两次被命名为《拿破仑法典》。《法国民法典》所取得的巨大成就让晚年被流放到圣赫勒拿岛的拿破仑自豪地宣称："我的光荣不在于打胜了40场战役，滑铁卢会摧毁这么多的胜利……但不会被任何东西摧毁的，会永远存在的，是我的民法典。"

第三讲 盗窃责

<ruby>君<rt>jūn</rt></ruby><ruby>爱<rt>ài</rt></ruby><ruby>财<rt>cái</rt></ruby>，<ruby>取<rt>qǔ</rt></ruby><ruby>有<rt>yǒu</rt></ruby><ruby>道<rt>dào</rt></ruby>。<ruby>窃<rt>qiè</rt></ruby><ruby>不<rt>bú</rt></ruby><ruby>备<rt>bèi</rt></ruby>，<ruby>即<rt>jí</rt></ruby><ruby>为<rt>wéi</rt></ruby><ruby>盗<rt>dào</rt></ruby>。

<ruby>年<rt>nián</rt></ruby><ruby>十<rt>shí</rt></ruby><ruby>六<rt>liù</rt></ruby>，<ruby>须<rt>xū</rt></ruby><ruby>担<rt>dān</rt></ruby><ruby>责<rt>zé</rt></ruby>。<ruby>规<rt>guī</rt></ruby><ruby>矩<rt>ju</rt></ruby><ruby>破<rt>pò</rt></ruby>，<ruby>石<rt>shí</rt></ruby><ruby>柱<rt>zhù</rt></ruby><ruby>刻<rt>kè</rt></ruby>。

[诗文释义]

君子作为品德高尚的人，喜欢正道得来的财物，决不要不义之财。如果乘人不备，秘密窃取国家或他人财产，则为盗窃，是一种违法行为，轻则要受到行政处罚，重则要承担刑事责任。对于未成年人承担刑事责任的年龄，刑法规定为年满十六周岁。俗话说"无规矩不成方圆"，同学们从小要做个讲规矩的人，如果那用于校正圆形的规和校正方形的矩以及其所代表的规则受到破坏了，则破坏规矩者将受到法律制裁，同时破坏规矩之人被自己损毁的信用记录，也会像《汉谟拉比法典》一样刻上古巴比伦的石柱，但不是被后世所称赞，而是世代承受羞耻。

注释：

1. 君爱财，取有道：即"君子爱财，取之有道"，出自《增广贤文》。

2. 窃不备，即为盗：这两句描述了一般情况下盗窃违法行为的特点，即"乘人不备，秘密窃取"。

3. 责：指刑事责任年龄，我国刑法规定的刑事责任年龄为十六周岁，对几类特殊案件则年满十四周岁即需承担刑事责任。

4. 规矩：规和矩，是校正圆形、方形的两种工具，多用来比喻标准法度。

5. 石柱：这里指古巴比伦用楔形文字镌刻《汉谟拉比法典》的石柱。

[概念解析]

1. 刑事责任年龄、行政处罚责任年龄
2. 盗窃、多次盗窃、入户盗窃、携带凶器盗窃、扒窃
3. 拘役、管制、罚金、没收财产
4. 拘留、罚款

[法律规定]

《中华人民共和国刑法》第十七条　已满十六周岁的人犯罪，应当负刑事责任。

已满十四周岁不满十六周岁的人，犯故意杀人、故意伤害致人重伤或者死亡、强奸、抢劫、贩卖毒品、放火、爆炸、投放危险物质罪的，应当负刑事责任。

已满十四周岁不满十八周岁的人犯罪，应当从轻或者减轻处罚。

因不满十六周岁不予刑事处罚的，责令他的家长或者监护人加以管教；在必要的时候，也可以由政府收容教养。

《中华人民共和国刑法》第二百六十四条　盗窃公私财物，数额较大的，或者多次盗窃、入户盗窃、携带凶器盗窃、扒窃的，处三年以下有期徒刑、拘役或者管制，并处或者单处罚金；数额巨大或者有其他严重情节的，处三年以上十年以下有期徒刑，并处罚金；数额特别巨大或者有其他特别严重情节的，处十年以上有期徒刑或者无期徒刑，并处罚金或者没收财产。

《最高人民法院 最高人民检察院关于办理盗窃刑事案件适用法律若干问题的解释》第一条第一款　盗窃公私财物价值一千元至三千元以上、三万元至十万元以上、三十万元至五十万元以上的，应当分别认定为刑法第二百六十四条规定的"数额较大""数额巨大""数额特别巨大"。

《最高人民法院 最高人民检察院关于办理盗窃刑事案件适用法律若干问题的解释》第三条　二年内盗窃三次以上的，应当认定为"多次盗窃"。

非法进入供他人家庭生活，与外界相对隔离的住所盗窃的，应当认定为"入户盗窃"。

携带枪支、爆炸物、管制刀具等国家禁止个人携带的器械盗窃，或者为了实施违法犯罪携带其他足以危害他人人身安全的器械盗窃的，应当认定为"携带凶器盗窃"。

在公共场所或者公共交通工具上盗窃他人随身携带的财物的，应当认定为"扒窃"。

《中华人民共和国治安管理处罚法》第十二条　已满十四周岁不满十八周岁的人违反治安管理的，从轻或者减轻处罚；不满十四周岁的人违反治安管理的，不予处罚，但是应当责令其监护人严加管教。

《中华人民共和国治安管理处罚法》第四十九条　盗窃、诈骗、哄抢、抢夺、敲诈勒索或者故意损毁公私财物的，处五日以上十日以下拘留，可以并处五百元以下罚款；情节较重的，处十日以上十五日以下拘留，可以并处一千元以下罚款。

[故事链接]

用"偷"致富

从前有这样两户人家，一家是齐国人，姓郭，十分富有；一家是宋国人，姓姜，非常贫穷。姓姜的人听说姓郭的人很有钱，便专程从宋国跑到齐国，向姓郭的人请教致富的方法。

　　姓郭的人告诉他说:"我之所以发家致富,是因为我很善于'偷'。我只用了一年的工夫就有了吃穿;两年下来就相当富足;三年过后,我的土地成片、粮食满仓,我成了方圆百里之内的大户。从那时起,我便向乡邻施舍财物,大家都得到了我的好处。"姓姜的人听了十分高兴。可是他以为姓郭的人致富走的是偷盗这条路,以为姓郭的人所说的"偷"就是到处翻越人家的院墙,凿开人家的房间,凡是眼睛所看到的、手能拿到的,就可以拿走归自己所有。于是他回家以后,到处偷窃。没过多久,他因被人查出了赃物而判罪。姓姜的人不但清退了全部赃物,而且被判罚没收他以前积累的所有家产。姓姜的人把自己的失败归咎于受了姓郭的人的欺骗,于是就到齐国去,找到姓郭的人责备他说:"你骗我,我去偷怎么就犯了法呢?"姓郭的人听了哈哈大笑,说:"你是怎么去偷的呀?"姓姜的人把自己翻墙打洞偷盗人家财产的经过讲给姓郭的人听了,姓郭的人又好气又好笑地对他说:"咳,你真是太糊涂了!你根本没弄懂我所说的'善于偷'是什么意思。现在我仔细告诉你吧。人都说天有四季变化,地有丰富的出产,我偷的就是这天时和地利呀。雨水雾露、山林特产和湖泽的养殖可以使我的庄稼长得很好,房舍建得很美。我在陆地上能'偷'到飞禽走兽,在有水的地方能'偷'到鱼虾龟鳖。无论是庄稼和土木还是禽兽和鱼虾龟鳖,这些东西都是大自然的产物,并不是我原本所有的。我依靠自己的辛勤劳动,向自然界索取财富,当然不会有罪过,也不会有灾祸。可是,那些金银宝石、珍珠宝贝、粮食布匹,却是别人积累起来的财富,你用不劳而获的手段去占有别人的劳动成果就是犯罪。你因偷盗罪而受到了处罚,那又能怪谁呢?"姓姜的人听了这番话,惭愧得一句话也说不出来。

　　明智的人懂得如何用辛勤劳动、用自己的双手去向大自然索取,创造财富;愚蠢的人才会想到用非法手段,走"捷径"去攫取别人的劳动成果使自己致富。这种人,到头来还是要栽跟头的。

经典语录

用人物，须明求，倘不问，即为偷。
——《弟子规》

物虽小，勿私藏，苟私藏，亲心伤。
——《弟子规》

身有伤，贻亲忧；德有伤，贻亲羞。
——《弟子规》

矩不正，不可为方，规不正，不可为圆。
——《淮南子》（［西汉］刘安）

巨匠是在严格的规矩中施展他的创造才能的。
——塞·约翰逊

[典型案例]

未成年人李某盗窃案

（本案系最高人民法院2014年发布的未成年人审判工作典型案例）

2013年1月11日11时许，被告人李某在B市C区D花园楼下，见受害人张某停放在此处路边的一辆二轮摩托车（价值人民币1680元）没有上锁（车尾箱内有价值人民币1163元的电链锯一台），遂起开走据为己有的念头，趁无人之机，即驾驶该摩托车离开现场。后李某被抓获，摩托车被追回，并已发还受害人张某。

B市C区人民法院根据李某的犯罪事实、情节和悔罪态度，认定李某犯盗窃罪，判处拘役四个月，并处罚金人民币500元。

模法师导师教学指引

一、教学目的

通过对未成年人李某盗窃案的学习和对刑事责任年龄、行政处罚责任年龄、盗窃、多次盗窃、入户盗窃、携带凶器盗窃、扒窃、拘役、管制、罚金、没收财产、拘留、罚款等概念的讲解，使学生理解盗窃罪的构成，同时了解《汉谟拉比法典》。让学生通过学习领悟规矩的意义及遵守规则的重要性，从而自觉养成从小讲规矩、守规则的习惯。

二、微话剧表演

1. 在导师指导下，选几位同学分组，表演用"偷"致富的微话剧。让学生自由发挥，按自己的意愿选择故事的发展方向与台词。

2. 在导师指导下，选几位同学分组，表演李某盗窃案的微话剧。让学生自由发挥，按自己的意愿选择故事的发展方向与台词。

3. 在微话剧表演时摄制视频，用于模拟开庭前的播放。

三、讲课内容

1. 讲授刑事责任年龄、行政处罚责任年龄、盗窃、多次盗窃、入户盗窃、携带凶器盗窃、扒窃、拘役、管制、罚金、没收财产、拘留、罚款等13个概念。

2. 给学生介绍《刑法》《最高人民法院 最高人民检察院关于办理盗窃刑事案件适用法律若干问题的解释》《治安管理处罚法》的相关规定。

3. 给学生分析李某盗窃案的法律问题，特别强调未成年人犯罪的特点。

4. 给学生介绍汉谟拉比与《汉谟拉比法典》。

四、分组准备

选择六至十名学生分审判员、公诉人、被告人及辩护律师、法警与书记员四组，分别准备李某盗窃案的模拟一审开庭。

五、模拟法庭

导师指导学生针对本案例开模拟法庭。

六、自由辩论

导师归纳在开庭和微话剧表演中针对案例的一至三个争议焦点问题，选择二至六名同学进行自由辩论。

七、分组讨论

针对以下问题组织学生分组讨论十分钟，讨论后每组选派一名学生向大家脱稿报告讨论结果。

1. 请分析"借用"与"盗窃"的区别？
2. 盗窃的行为即使没有被发现，给别人造成的是财物的损失，给自己是否也会造成损失？
3. 我们该通过什么样的方式取得财富？

八、导师总结

导师根据各组讨论报告进行总结并引导学生进行思考，之后综合以上全部教学内容给学生讲解诗文的释义，要求学生理解并背诵。

九、学时分配

共5学时，其中微话剧1学时，讲课1学时，分组准备1学时，开庭与辩论1学时，分组讨论0.5学时，导师总结0.5学时。

[模拟开庭法律文书参考范本]

一、人民检察院起诉书

B市C区人民检察院起诉书

C检公诉刑诉〔2013〕07号

被告人李某,男,1997年1月5日出生,身份证号码XXXX,汉族,住B市C区。因涉嫌盗窃罪于2013年1月11日被B市C区公安局刑事拘留,于2013年1月20日经本院批准,以盗窃罪被B市C区公安局执行逮捕。

本案由B市C区公安局侦查终结,以被告人李某涉嫌盗窃罪,于2013年2月1日向本院移送审查起诉。本院受理后,于2013年2月2日为被告人指定辩护人,已告知受害人有权委托诉讼代理人,依法讯问了被告人,听取了辩护人、受害人及其诉讼代理人的意见,审查了全部案件材料。

经依法审查查明:

2013年1月11日11时许,被告人李某在B市C区D花园楼下,见受害人张某停放在此处路边的一辆二轮摩托车(价值人民币1680元)没有上锁(车尾箱内有价值人民币1163元的电链锯一台),遂起开走据为己有的念头,趁无人之机,即驾驶该摩托车离开现场。

认定上述事实的证据如下:

物证、现场照片、辨认笔录、受害人陈述、被告人供述、涉案摩托车及电锯链购买发票等。

本院认为,被告人李某无视国家法律,以非法占有为目的,盗窃他人财物且数额较大,其行为已触犯《中华人民共和国刑法》第二百六十四条,犯罪事实清楚,证据确实充分,应当以盗窃罪追究其刑事责任。我院根据《中华人民共和国刑事诉讼法》第一百七十二条之规定，提起公诉，请依法判处。

此致
B市C区人民法院

检察员：赵某
2013年2月15日
（院印）

附：1. 被告人李某现羁押于B市看守所；
　　2. 诉讼卷3册。

二、公诉人举证提纲

举证提纲

证实被告人李某盗窃摩托车的事实及涉案金额。包括：

1. 李某身份证明；
2. 受害人张某的陈述；
3. 现场监控录像及照片；
4. 被告人李某的供述；
5. 被盗摩托车及电链锯；
6. 摩托车及电链锯购买发票。

三、公诉意见书

B市C区人民检察院公诉意见书

被告人：李某
案由：盗窃罪

起诉书号：C 检公诉刑诉〔2013〕07 号

审判长、审判员：

根据《中华人民共和国刑事诉讼法》的规定，我受 B 市 C 区人民检察院的指派，代表本院，以国家公诉人的身份，出席法庭支持公诉，并依法对刑事诉讼实行法律监督。现对本案证据和案件情况发表如下意见，请法庭注意。

根据受害人张某的陈述和购买发票、现场监控录像、被告人李某的供述，被告人李某于2013年1月11日11时许，在 B 市 C 区 D 花园楼下，见受害人张某停放在此处路边的一辆二轮摩托车没有上锁（价值人民币1680元，且车尾箱内有价值人民币1163元的电链锯一台），遂起开走据为己有的念头，趁无人之机，即驾驶该摩托车离开现场。其行为完全符合《中华人民共和国刑法》第二百六十四条对盗窃罪的规定，且根据《最高人民法院 最高人民检察院关于办理盗窃刑事案件适用法律若干问题的解释》第一条第一款之规定，李某盗窃数额属较大范围。

另根据被告人身份证明，被告人李某系已满十四周岁未满十八周岁的未成年人，根据《中华人民共和国刑法》第十七条第三款之规定依法应当从轻或减轻处罚。

综上所述，起诉书认定本案被告人李某的犯罪事实清楚，证据确实充分，依法应当认定被告人有罪，并建议判处被告人拘役四个月，并处罚金人民币500元。

公诉人：赵某

2013 年 3 月 1 日

四、辩护词

辩护词

本律师依法接受 B 市 C 区检察院的指派，担任李某盗窃案辩护人。

接受指派后,我研究了检察院对本案的起诉书,查阅了材料,在获得充分的事实材料和证据后提出以下几点辩护意见:

一、我国司法对于未成年人犯罪坚持教育为主、惩罚为辅的精神,被告人李某犯罪时未满十八周岁,归案后如实供述自己的犯罪事实,认罪态度良好,积极配合受害人返还所有涉案财产,并没有对受害人人身及财产造成实质性的严重后果。被告人李某无犯罪记录,本次犯罪系初犯、偶犯,犯罪情节轻微,毫无社会危险性可言。所以依据《中华人民共和国刑法》第三十七条:"对于犯罪情节轻微不需要判处刑罚的,可以免予刑事处罚"及《中华人民共和国刑事诉讼法》第十五条第一款:"有下列情形之一的,不追究刑事责任,已经追究的,应当撤销案件,或者不起诉,或者终止审理,或者宣告无罪:(一)情节显著轻微、危害不大,不认为是犯罪的。"的规定,请求人民法院依法宣告李某无罪。

二、据被告人身份证明李某尚属于未成年人,且认罪悔罪态度良好,积极配合返还受害人财产。根据《中华人民共和国刑法》第十七条第三款规定,已满十四周岁不满十八周岁的人即使构成犯罪,也应当从轻或者减轻处罚。

此致
B 市 C 区人民法院

辩护人:王某
2013 年 3 月 1 日

五、判决书

B 市 C 区人民法院刑事判决书

(2013)C 刑初字第 021 号

公诉机关 B 市 C 区人民检察院。

被告人李某,男,1997 年 1 月 5 日出生,身份证号码 XXXX,汉族。因涉嫌盗窃罪于 2013 年 1 月 11 日被 B 市 C 区公安局刑事拘留,于 2013 年 1 月 20 日经本院批准,以盗窃罪被 B 市 C 区公安局执行逮捕。羁押于 B 市 C 区看守所。

辩护人王某，某某律师事务所律师。

B市C区人民检察院以C检公诉刑诉〔2013〕07号起诉书指控被告人李某犯盗窃罪，于2013年2月15日向本院提起公诉。本院依法组成合议庭，进行审理。B市C区人民检察院指派检察员赵某出庭支持公诉，被告人李某及其辩护人王某均到庭参加诉讼。现已审理终结。

B市C区人民检察院指控：

2013年1月11日11时许，被告人李某在B市C区D花园楼下，见受害人张某停放在此处路边的一辆二轮摩托车（价值人民币1680元）没有上锁（车尾箱内有价值人民币1163元的电链锯一台），遂起开走据为己有的念头，趁无人之机，即驾驶该摩托车离开现场。

B市C区人民检察院向本院移送了指控被告人李某犯罪的监控录像、被告人供述、受害人陈述、涉案财物及购买发票等证据，认为被告人李某的行为触犯了《中华人民共和国刑法》第二百六十四条之规定，应当以盗窃罪追究其刑事责任，提请本院依法判处。

在法庭审理中，被告人李某对起诉书指控的事实未提出异议。

被告人李某辩护人的辩护意见是：李某的行为虽构成盗窃罪，但李某犯罪时未满十八周岁，归案后认罪态度良好，能如实供述自己的犯罪事实，积极配合受害人返还所有涉案财产，并没有对受害人财产造成实质性的严重后果。而且被告人李某无犯罪记录，本次犯罪系初犯、偶犯，犯罪情节轻微，李某并无社会危险性可言，希望法院宣告李某无罪或予以减轻处罚。

经审理查明：

2013年1月11日11时许，被告人李某在B市C区D花园楼下，见受害人张某停放在此处路边的一辆二轮摩托车（价值人民币1680元）没有上锁（车尾箱内有价值人民币1163元的电链锯一台），遂起开走据为己有的念头，趁无人之机，即驾驶该摩托车离开现场。李某犯罪时未满十八周岁。

根据辩护人的辩护意见及出庭检察员提出的检察意见，综合本案证据材料，本院认为：

被告人李某以非法占有为目的，采取秘密手段，窃取公民财物，且数额较大，其行为已触犯法律，构成盗窃罪。公诉机关指控被告人李某的犯罪事实清楚，证据确实充分，指控罪名成立。

另被告人李某犯罪时未满十八周岁，依法应予从轻处罚。被告人李某如实供述自己的罪行，同时，所盗财物已发还被害人，未造成实质经济损失，依法可以从轻处罚。指定辩护人提出的辩护意见，本院对从轻或者减轻部分予以采纳。综合被告人李某的犯罪事实、情节和悔罪态度，依照《中华人民共和国刑法》第二百六十四条、第十七条第一款、第二款，第六十七条第三款及第六十四条之规定，判决如下：

李某犯盗窃罪，判处拘役四个月，并处罚金人民币五百元。（刑期从判决执行之日起计算。判决执行以前先行羁押的，羁押一日折抵刑期一日；罚金从判决发生法律效力第二日起一个月内缴纳）

如不服本判决，可在接到判决书的第二日起十日内，通过本院或者直接向A省B市中级人民法院提出上诉。书面上诉的，应当提交上诉状正本一份，副本二份。

审判长　赵某
审判员　林某
审判员　黄某
二○一三年三月十五日
书记员　李某
（院印）

[法律人物]

汉谟拉比

汉谟拉比是古巴比伦的国王。他击败邻国,将巴比伦的统治区域扩展至整个两河流域(美索不达米亚)。汉谟拉比自称是"众王之神"和"巴比伦的太阳"。仅仅就统一两河流域,建立巴比伦王国的功绩而论,汉谟拉比就足以跻身于最有影响的帝王之列,然而更具影响力的却是他的《汉谟拉比法典》。

《汉谟拉比法典》已有关于偷窃犯罪的处罚,如第六条规定"自由民窃取神或宫廷之财产者应处死;而收受其赃物者亦处死刑"。第七条规定:"自由民从自由民之子或自由民之奴隶买得或为之保管银或金、或奴隶、或女奴、或牛、或羊、或驴、或不论何物,而无证人及契约者,是为窃贼,应处死。"第八条规定:"自由民窃取牛、或羊、或驴、或猪、或船舶,倘此为神之所有物或宫廷之所有物,则彼应科以三十倍之罚金,倘此为穆什钦努所有,则应科以十倍之罚金;倘窃贼无物以为偿,则应处死。"在法典的结尾部,汉谟拉比宣称:"此后千秋万世,国中之王必遵从我的石柱上所铭刻的正义言词,不得变更我所决定的司法判决、我所确立的司法裁定,不得破坏我的创制。"

《汉谟拉比法典》是1901年法国考古队在伊朗苏萨古城遗址发现的,该法典用楔形文字镌刻在黑色玄武岩石柱上。石柱上端刻有精致的浮雕,表现的是主管司法的太阳神沙马什授予汉谟拉比权杖的情形,象征着君权神授。下端用楔形文字镌刻着法典全文,共282条。石柱现收藏于巴黎卢浮宫。后世学者普遍将汉谟拉比誉为一位卓越的立法者。汉谟拉比是美国国会大厦众议院会客厅大理石浅浮雕上雕刻的23位立法者之一。

第四讲 欺凌罪

tóng lǐ xīn　shēn shēn qíng　měi qí měi　chén mò jīn
同理心，莘莘情，美其美，沉默金。

gǒu qī líng　zuì jiāng jìn　xún qiǎng jié　shāng xìng mìng
苟欺凌，罪将近，寻抢劫，伤性命。

[诗文释义]

莘莘学子们啊，需珍视同学们之间的感情，遇到矛盾时，要设身处地地去把握和体会别人的情绪和情感，达到共情就能相互理解，化解矛盾。我们既要尊重自己的个性、兴趣与文化，也要尊重他人的个性、兴趣与文化，这样人与人之间才能友好相处，人类才能和平发展，共同繁荣。在发生冲突时，忍一语风平浪静，记得沉默是金，暂时离开和搁置纠纷，可以有效避免冲突的升级，等到双方心情平复下来后，再行沟通和解决冲突效果为佳。如果同学之间不能相互理解，甚至相互欺凌，不但伤害同学之间的感情，还会对他人的人身、财产和社会秩序带来危害，以身试法者将会招致法律的制裁，轻者将受到学校处分或公安机关的行政处罚，重者可能构成犯罪，因校园欺凌而经常发生的犯罪类型有寻衅滋事罪、抢劫罪、故意伤害罪、故意杀人罪等。

注释：

1. 同理心：指设身处地地对他人的情绪和情感的认知性的觉知、把握与理解,也称为"共情"。

2. 莘莘:即莘莘学子,这里指同学之间。

3. 美其美:指费孝通先生提出的"各美其美",指尊重自己的也尊重他人的个性、兴趣与文化。

4. 沉默金:即沉默是金,指在容易发生冲突时,忍一语保持沉默,暂时离开,是避免冲突升级的良好方式。

5. 寻抢劫:寻衅滋事罪和抢劫罪。

6. 伤性命:伤及人身或害人性命,将构成故意伤害罪甚至故意杀人罪。

[概念解析]

1. 校园欺凌
2. 故意伤害罪
3. 抢劫罪
4. 寻衅滋事罪

[法律规定]

《中华人民共和国刑法》第二百三十四条 故意伤害他人身体的,处三年以下有期徒刑、拘役或者管制。

犯前款罪,致人重伤的,处三年以上十年以下有期徒刑;致人死亡或者以特别残忍手段致人重伤造成严重残疾的,处十年以上有期徒刑、无期徒刑或者死刑。本法另有规定的,依照规定。

《中华人民共和国刑法》第二百六十三条 以暴力、胁迫或者其他方法抢劫公私财物的,处三年以上十年以下有期徒刑,并处罚金;有下列情形之一的,处十年以上有期徒刑、无期徒刑或者死刑,并处罚金或者没收财产:

(一)入户抢劫的;

(二)在公共交通工具上抢劫的;

(三)抢劫银行或者其他金融机构的;

(四)多次抢劫或者抢劫数额巨大的;

（五）抢劫致人重伤、死亡的；

（六）冒充军警人员抢劫的；

（七）持枪抢劫的；

（八）抢劫军用物资或者抢险、救灾、救济物资的。

《中华人民共和国刑法》第二百九十三条　有下列寻衅滋事行为之一，破坏社会秩序的，处五年以下有期徒刑、拘役或者管制：

（一）随意殴打他人，情节恶劣的；

（二）追逐、拦截、辱骂他人，情节恶劣的；

（三）强拿硬要或者任意损毁、占用公私财物，情节严重的；

（四）在公共场所起哄闹事，造成公共场所秩序严重混乱的。

《中华人民共和国治安管理处罚法》第二十六条　有下列行为之一的，处五日以上十日以下拘留，可以并处五百元以下罚款；情节较重的，处十日以上十五日以下拘留，可以并处一千元以下罚款：

（一）结伙斗殴的；

（二）追逐、拦截他人的；

（三）强拿硬要或者任意损毁、占用公私财物的；

（四）其他寻衅滋事行为。

《中华人民共和国治安管理处罚法》第四十三条　殴打他人的，或者故意伤害他人身体的，处五日以上十日以下拘留，并处二百元以上五百元以下罚款；情节较轻的，处五日以下拘留或者五百元以下罚款。

有下列情形之一的，处十日以上十五日以下拘留，并处五百元以上一千元以下罚款：

（一）结伙殴打、伤害他人的；

（二）殴打、伤害残疾人、孕妇、不满十四周岁的人或者六十周岁以上的人的；

（三）多次殴打、伤害他人或者一次殴打、伤害多人的。

[故事链接]

起嫌疑顽童闹学堂

　　贾蔷既和贾蓉最好,今见有人欺负秦钟,如何肯依?如今自己要挺身出来抱不平,心中却忖度一番,想道:"金荣贾瑞一干人,都是薛大叔的相知,向日我又与薛大叔相好,倘或我一出头,他们告诉了老薛,我们岂不伤和气?待要不管,如此谣言,说的大家没趣。如今何不用计制伏,又止息口声,又伤不了脸面。"想毕,也装作出小恭,走至外面,悄悄的把跟宝玉的书童名唤茗烟者唤到身边,如此这般,调拨他几句。

　　这茗烟乃是宝玉第一个得用的,且又年轻不谙世事,如今听贾蔷说金荣如此欺负秦钟,连他爷宝玉都干连在内,不给他个利害,下次越发狂纵难制了。这茗烟无故就要欺压人的,如今得了这个信,又有贾蔷助着,便一头进来找金荣,也不叫金相公了,只说"姓金的,你是什么东西!"贾蔷遂跺一跺靴子,故意整整衣服,看看日影儿说:"是时候了。"遂先向贾瑞说有事要早走一步。贾瑞不敢强他,只得随他去了。这里茗烟先一把揪住金荣,问道:"你是好小子,出来动一动你茗大爷!"唬的满屋中子弟都怔怔的痴望。贾瑞忙吆喝:"茗烟不得撒野!"金荣气黄了脸,说:"反了!奴才小子都敢如此,我只和你主子说。"便夺手要去抓打宝玉秦钟。尚未去时,从脑后飕的一声,早见一方砚瓦飞来,并不知系何人打来的,幸未打着,却又打在旁人的座上,这座上乃是贾兰贾菌。

　　这贾菌亦系荣国府近派的重孙,其母亦少寡,独守着贾菌。这贾菌与贾兰最好,所以二人同桌而坐。谁知贾菌年纪虽小,志气最大,极是淘气不怕人的。他在座上冷眼看见金荣的朋友暗助金荣,飞砚来打茗烟,偏没打着茗烟,便落在他桌上,正打在面前,将一个磁砚水壶打了个粉碎,溅了一书黑水。贾菌如何依得,骂着,也便抓起砚砖来要打回去。贾兰是个省事的,忙按住砚,极口劝道:"好兄弟,不与咱们相干。"贾菌如何忍得住,便两手抱起书匣子来,照那边抡了去。终是身小力薄,却抡不到那里,刚到宝玉秦钟桌案上就落了下来。只听哗啷啷一声,砸在桌上,书本纸片等至于笔砚之物撒了一桌,又把宝玉的一碗茶也砸得碗碎茶流。贾菌便跳出来,要揪打那一个飞砚的。金荣此时随手抓了一根毛竹大板在手，地狭人多，那里经得舞动长板。茗烟早吃了一下，乱嚷："你们还不来动手！"宝玉还有三个小厮：一名锄药，一名扫红，一名墨雨。这三个岂有不淘气的，一齐乱嚷："动了兵器了！"墨雨遂掇起一根门闩，扫红锄药手中都是马鞭子，蜂拥而上。贾瑞急的拦一回这个，劝一回那个，谁听他的话，肆行大闹。众顽童也有趁势帮着打太平拳助乐的，也有胆小藏在一边的，也有直立在桌上拍着手儿乱笑，喝着声儿叫打的。登时间鼎沸起来。

外边李贵等几个大仆人听见里边作起反来，忙都进来一齐喝住。问是何原故，众声不一，这一个如此说，那一个又如彼说。李贵且喝骂了茗烟四个一顿，撵了出去。秦钟的头早撞在金荣的板上，打起一层油皮，宝玉正拿褂襟子替他揉呢，见喝住了众人，便命："李贵，收书！拉马来，我去回太爷去！我们被人欺负了，不敢说别的，守礼来告诉瑞大爷，瑞大爷反倒派我们的不是，听着人家骂我们，还调唆他们打我们茗烟，连秦钟的头也打破。这还在这里念什么书！茗烟他也是为有人欺侮我的。不如散了罢。"

（摘自《红楼梦》第九回）

经典语录

财物轻，怨何生。言语忍，忿自泯。
——《弟子规》

善相劝，德皆建。过不规，道两亏。
——《弟子规》

将加人，先问己。己不欲，即速已。
——《弟子规》

恩欲报，怨欲忘。报怨短，报恩长。
——《弟子规》

各美其美，美人之美，美美与共，天下大同。
——费孝通

[典型案例]

张某故意伤害案

（本案系2015年校园欺凌典型案件）

张某，男，1997年8月2日出生于A省B市，系D中学学生。2013年10月25日上午，E中学的马某对张某说，他让E中学的学生打了，让张某帮忙到E中学找人打架。张某中午回家取了以前买的砍刀，和马某一起等在E中学门口。E中学放学后，原本打马某的学生刘某跑掉了，张某就和马某拦截了和刘某走在一起的苏某，先用拳脚殴打苏某，后张某持刀将苏某头部砍伤，张某和马某见苏某受伤后逃离。经B市C区公安司法鉴定中心法医鉴定：被害人苏某所受损伤程度属轻伤二级。案发后，被告人张某及其亲属赔偿被害人苏某经济损失2000元，被告人张某取得了被害人及其亲属的谅解。

B市C区人民法院经审理认为，被告人张某无视刑律，故意伤害他人身体，并致人轻伤，其行为已构成故意伤害罪。公诉机关指控被告人张某的犯罪事实和罪名成立。被告人张某及其亲属在案发后，积极对被害人进行赔偿，已取得被害人谅解，酌情从轻处罚。依照《中华人民共和国刑法》判决张某犯故意伤害罪，判处有期徒刑二年，缓刑二年。

模法师导师教学指引

一、教学目的

通过对张某故意伤害案的学习和对校园欺凌、故意伤害罪、抢劫罪、寻衅滋事罪等概念的讲解，使学生了解什么是校园欺凌及在校园欺凌中常会发生的犯罪类型，理解故意伤害罪、抢劫罪、寻衅滋事罪等的犯罪构成。让学生通过深刻认识校园欺凌的危害，明白较严重的校园欺凌行为是要受到法律制裁的，甚至要被追究刑事责任。让大家学会识别校园欺凌常见的几种犯罪类型，教育大家正确防范欺凌，遇到正在发生的欺凌会沉着应对和处置。

二、微话剧表演

1. 在导师指导下，选几位同学分组，表演《红楼梦》第九回中"起嫌疑顽童闹学堂"的微话剧。让学生自由发挥，按自己的意愿选择故事的发展方向与台词。
2. 在导师指导下，选几位同学分组，表演张某故意伤害案的微话剧。让学生自由发挥，按自己的意愿选择故事的发展方向与台词。
3. 在微话剧表演时摄制视频，用于模拟开庭前的播放。

三、讲课内容

1. 讲授故意校园欺凌、伤害罪、抢劫罪、寻衅滋事罪四个概念。
2. 给学生介绍《中华人民共和国刑法》《中华人民共和国治安管理处罚法》中的相关规定。
3. 给学生讲解遇到校园欺凌时如何应对和处置。
4. 引导学生明白如何用同理心与他人沟通。
5. 给学生简要介绍四大名著之一《红楼梦》及法律人物苏格拉底。

四、分组准备

选择六至十名学生分审判人员、公诉人、被告人及辩护律师、法警与书记员四组,分别准备张某故意伤害案的模拟一审开庭。

五、模拟法庭

导师指导学生针对本案例开模拟法庭。

六、自由辩论

导师归纳在模拟开庭和微话剧表演中的一至三个争议焦点问题,选择二至六名同学进行自由辩论。

七、分组讨论

针对以下问题组织学生分组讨论十分钟,讨论后每组选派一名学生向大家脱稿报告讨论结果。

1. 请讲一件你见过或听说过的校园欺凌事件,如果你当时是被欺凌的人,该怎么应对?
2. 讲一讲校园欺凌的危害,从对被害人和加害人两个方面来考虑。

八、导师总结

导师根据各组讨论报告进行总结并引导学生进行思考,之后综合以上全部教学内容给学生讲解诗文的释义,要求学生理解并背诵。

九、学时分配

共5学时,其中微话剧1学时,讲课1学时,分组准备1学时,模拟开庭与辩论1学时,分组讨论0.5学时,导师总结0.5学时。

[模拟开庭法律文书参考范本]

一、人民检察院起诉书

B 市 C 区人民检察院起诉书

C 检公诉刑诉〔2013〕17 号

被告人张某，男，1997 年 8 月 2 日出生于 A 省 B 市，系 D 中学学生。2013 年 10 月 28 日因涉嫌犯故意伤害罪被逮捕，同年 11 月 10 日被 B 市 C 区人民检察院决定取保候审。

本案由 B 市 C 区公安局侦查终结，被告人张某犯故意伤害罪，于 2013 年 11 月 17 日向本院移送审查起诉。本院受理后于 2013 年 11 月 18 日告知被告人有权委托辩护人并于同日告知被害人家属有权委托诉讼代理人，依法讯问了被告人，听取了辩护人、被害人的意见，审查了全部案卷材料。

经依法审查查明：

张某，男，1997 年 8 月 2 日出生于 A 省 B 市，系 D 中学学生。2013 年 10 月 25 日上午，E 中学的马某对张某说，他让 E 中学的学生打了，让张某帮忙到 E 中学找人打架。张某中午回家取了以前买的砍刀，和马某一起等在 E 中学门口。E 中学放学后，原本打马某的学生刘某跑掉了，张某就和马某拦截了和刘某走在一起的苏某，先用拳脚殴打苏某，后张某持刀将苏某头部砍伤，张某和马某见苏某受伤后逃离。经 B 市 C 区公安司法鉴定中心法医鉴定：被害人苏某所受损伤程度属轻伤二级。案发后，被告人张某及其亲属赔偿被害人苏某经济损失 2000 元，被告人张某取得了被害人及其亲属的谅解。

认定上述事实的证据如下：被害人苏某的陈述、同案马某的证言、证人王老三的证言、辨认笔录、现场指认笔录及照片、某大学第一医院病历及伤情照片、法医学人体损伤程度鉴定书、和解协议、收条及谅解书。

本院认为，被告人张某故意伤害他人身体，造成了严重后果，被告人已触犯《中华人民共和国刑法》第二百三十四条第一款、第二十五条第一款、第七十二条第一款之规定，犯罪事实清楚，证据确实充分，应当以故意伤害罪追究被告人张某的刑事责任。张某作案时系未成年人,依照《中华人民共和国刑事诉讼法》第二百二十五条第一款第(二)项、《中华人民共和国刑法》第十七条,依法应当从轻或减轻处罚。根据《中华人民共和国刑事诉讼法》第一百七十二条之规定,提起公诉,请依法判处。

此致
B市C区人民法院

检察员:李某
二〇一三年十一月二十四日
(院印)

附:诉讼卷3册

二、公诉人举证提纲

举证提纲

第一组证据

证实被告人张某殴打苏某的事实。包括:

1. 被害人苏某的陈述;
2. 同案马某的证言;
3. 证人王老三的证言;
4. 辨认笔录;
5. 现场指认笔录及照片;
6. 某某大学第一医院病历及伤情照片;
7. 法医学人体损伤程度鉴定书;
8. 被告人马某、张某的供述。

第二组证据

证实被告人张某已获得受害人及其家属的谅解。包括:

和解协议、收款收条及谅解书。

三、公诉意见书

B市C区人民检察院公诉意见书

被告人：张某
案由：故意伤害罪
起诉书号：C检公诉刑诉〔2013〕17号

审判长、审判员：

根据《中华人民共和国刑事诉讼法》的规定，我受B市C区人民检察院的指派，代表本院，以国家公诉人的身份，出席法庭支持公诉，并依法对刑事诉讼实行法律监督。现对本案证据和案件情况发表如下意见，请法庭注意。

通过公安机关提交的接受刑事案件登记表、被害人苏某的陈述、同案马某的证言、证人王老三的证言、辨认笔录、现场指认笔录及照片、某某大学第一医院病历及伤情照片、法医学人体损伤程度鉴定书、被告人马某、张某的供述等证据证实，张某，男，1997年8月2日出生于A省B市，系D中学学生。2013年10月25日上午，E中学的马某对张某说，他让E中学的学生打了，让张某帮忙到E中学找人打架。张某中午回家取了以前买的砍刀，和马某一起等在E中学门口。E中学放学后，原本打马某的学生刘某跑掉了，张某就和马某拦截了和刘某走在一起的苏某，先用拳脚殴打苏某，后张某持刀将苏某头部砍伤，张某和马某见苏某受伤后逃离。经B市C区公安司法鉴定中心法医鉴定：被害人苏某所受损伤程度属轻伤二级。

综上，本案中被告人张某未能正确处理同学间的矛盾关系，无视刑律，故意伤害被害人身体，并致被害人轻伤，张某的行为已构成故意伤害罪。公诉机关指控被告人张某的犯罪事实清楚，证据确实充分。被告人张某犯罪时系未成年人，且其亲属在案发后，积极对被害人进行赔偿，已取得被害人谅解，可以酌情从轻处罚。建议依照《中华人民共和国刑法》

判决张某犯故意伤害罪，判处有期徒刑二年。

公诉人：李某
二〇一三年十二月五日

四、辩护词

辩护词

尊敬的审判长、审判员：

　　某某律师事务所接受本案被告人张某亲属的委托，担任张某的辩护人。接受辩护任务之后，辩护人认真查阅和复制了本案的相关卷宗材料，到看守所会见了被告张某，向其调查了解案情事实，今天又参加了本案的法庭审理，通过这些工作，辩护人对本案的基本事实有了一个较为客观、全面的认识。辩护人根据本案事实及法律的有关规定，发表如下辩护意见：

　　一、关于本案的事实，根据我国现行法律关于故意伤害罪的规定，以及本案相关证据来看，被告人张某已经涉嫌构成故意伤害罪。同时，被告人已对所犯罪行供认不讳。因此，辩护人对公诉机关指控张某犯故意伤害罪的罪名无异议。

　　二、辩护人认为本案被告人张某具有如下法定和酌定的从轻或者减轻处罚的情节，请法院在量刑时予以充分考虑。

　　被告人张某生于1997年8月2日，犯罪时未满18周岁。根据《中华人民共和国刑法》第十七条"已满14周岁不满18周岁的人犯罪，应当从轻或者减轻处罚"的规定，请求法院依法对其从轻或者减轻处罚。被告人具有悔罪表现，愿意痛改前非、改过自新。从被告人的供述中可以看出，被告人在案发后能够积极主动、全部、彻底地向司法机关交代自己的犯罪行为，说明被告人已经认识到自己犯罪行为的严重性，有改过自新的真实愿望。从今天的庭审情况来看，被告人诚恳交代、认罪服法的态度也是有目共睹的。本案被告人的犯罪行为没有造成严重的社会后果。被告人系初犯，以前从未受到过任何的刑事处罚，且一贯表现优良，之所以走上犯罪道路与他平时法律意识不强有很大关系。在本案中，被告的行为也并未造成严重的人身伤害。被告张某将被害人苏某打伤后，张某的亲属及时带被害人治疗并承担了全部的医药费用，在被害人伤情稳定后就被害人的损失赔偿问题积极进行协商。在法院的调解下被告张某的法定监护人已经对被害人的损失进行了赔偿，并且得到了被害人的谅解。我国对未成年人保护的法律法规和相关司法解释中，对未成年人犯罪都是实行预防和教育为主的原则。最高人民法院制定的一系列关于未成年人犯罪的司法解释中，都充分体现了该精神。可见，对未成年人犯的刑事处罚能轻则轻，能减则减，能免则免，最大限度地降低对未成年犯限制人身自由的程度，是我国对未成年人犯审判的一项重要原则，请求法院酌情从轻或减轻对被告人的处罚。

综上所述，辩护人认为：被告人构成犯罪，但其主观恶性不大，犯罪时是未成年人，应当从轻或者减轻处罚。被告也确有悔罪行为，具备刑法关于缓刑的条件。因被告人年纪较小，还是未成年人，一旦所判处的刑罚对其人身采取限制，对于将来被告人张某的性格养成、人生观和价值观的形成、对待社会的态度以及服刑后能否顺利回归社会都有着深远的影响。因此，希望法庭慎重考虑，对被告人从轻或者减轻处罚，并建议宣告缓刑，给被告人一个改过自新、重新做人的机会。

此致
B 市 C 区人民法院

辩护人：李某

二〇一三年十二月五日

五、判决书

B 市 C 区人民法院刑事判决书

（2015）C 少刑初字第 185 号

公诉机关 B 市 C 区人民检察院。

被告人张某，男，1997 年 8 月 2 日出生于 A 省 B 市，系 D 中学学生。2013 年 10 月 28 日因涉嫌犯故意伤害罪被逮捕，同年 11 月 10 日被 B 市 C 区人民检察院决定取保候审。

辩护人李某，某某律师事务所律师。

经审理查明：被告人马某因琐事为报复他人，纠集被告人张某，于2013年10月25日18时许，在E中学门口寻找报复目标未果后，在该中学对面车站附近，被告人马某、张某拦截了E中学生苏某并进行殴打，期间张某将被害人苏某头部砍伤。经B市C区公安司法鉴定中心法医鉴定：被害人苏某所受损伤程度属轻伤二级。另据查明，被告人张某及其亲属赔偿被害人苏某经济损失2000元，被告人张某取得了被害人及其亲属的谅解。

上述事实经当庭出示并质证、认证的下列证据予以证实：

1. 被害人苏某的陈述，证实2013年10月25日18时许，在E中学大门对面被人殴打砍伤的经过。

2. 同案马某的证言，证实2013年10月25日上午，被告人对张某说他让E中学的学生打了，让张某帮忙到E中学找人打架。张某中午回家取了以前买的砍刀带到学校。被告人马某、张某一起来到E中学门口。E中学放学后，原本打马某的学生跑掉了，张某就和马某拦截了被害人并使用拳脚进行殴打，张某持刀将苏某的头部砍伤，之后打架的人都逃跑了。

3. 证人王老三证言，证实2013年10月25日下午17时许，在E中学门口看到打架的经过。

4. 辨认笔录，证实经被害人苏某辨认，确认被告人张某系对他实施殴打的男子。

5. 现场指认笔录及照片，证实经被告人张某及同案马某指认，确认E中学门口对面车站马路边，系殴打E中学学生的地点。

6. 某某大学第一医院病历及伤情照片，证实被害人苏某的受伤情况。

7. 法医学人体损伤程度鉴定书，证实经B市C区公安司法鉴定中心鉴定，被害人苏某所受损伤程度评定为轻伤二级。

8. 和解协议、收款收条及谅解书，证实被告人张某案发后，对被害人苏某赔偿了经济损失，取得了被害人的谅解。

9. 被告人张某的供述，与本案查明的事实、被害人的陈述、辨认笔录及相关证据均能相互印证。

10. 案件来源、抓获经过，证实本案抓获及破案经过。

关于被告人张某及其辩护人所提辩护意见，案发后对被害人进行了积极的赔偿并取得被害人的谅解，具有明显的悔罪表现，犯罪情节较轻等，根据宽严相济的刑事政策，可对其宣告缓刑。被告人及辩护人所提对其适用缓刑的意见，予以采纳。

本院认为，被告人张某无视刑律，故意伤害他人身体，并致人轻伤，其行为已构成故意伤害罪。公诉机关指控被告人张某的犯罪事实和罪名成立，本院予以确认。被告人张某作案时系未成年人，且其亲属在案发后，积极对被害人进行赔偿，已取得被害人谅解，酌情从轻处罚。对于辩护人提出的该辩护意见，符合本案查证的事实，本院予以认可。依照《中华人民共和国刑事诉讼法》第二百二十五条第一款（二）项和《中华人民共和国刑法》第二百三十四条第一款、第二十五条第一款、第七十二条第一款之规定，判决如下：

被告人张某犯故意伤害罪，判处有期徒刑二年，缓刑二年。（缓刑考验期限从判决之日起计算）

如不服本判决，可在接到判决书的第二日起十日内通过本院或者直接向 A 省 B 市中级人民法院上诉，书面上诉的应当提交上诉状正本一份，副本一份。

审判长　王某
审判员　李某某
审判员　梁某某
二〇一三年十二月二十日
书记员　朱某
（院印）

[法律人物]

苏格拉底

　　苏格拉底（公元前469—前399年），古希腊著名的思想家、哲学家、教育家。苏格拉底和他的学生柏拉图，以及柏拉图的学生亚里士多德并称为"古希腊三贤"，被后人认为是西方哲学的奠基者。苏格拉底出生于希腊雅典一个普通公民的家庭。其父是雕刻匠，母亲是助产妇。苏格拉底虽然生来容貌平凡，语言朴实，却具有神圣的思想。苏格拉底说："我的母亲是个助产士，我要追随她的脚步，我是个精神上的助产士，帮助别人产生他们自己的思想。"苏格拉底认为，服从法律可以感谢国家赐予的恩惠，有利于提高城邦成员的道德水平和正义意识，因为服从法律是公民的天职和责任，所以服从以及执行法律的判决是自己必须遵守的事情。苏格拉底用他的生命为代价向当时的雅典城邦民众揭示了法律善恶强调其正当性的根源在于形式正义而非实质正义，从而演绎出了苏格拉底著名的论断"守法即正义"。

第五讲 受教权

yǎng xū jiào　　sān qiān xiào　　duàn zhī ēn　　hé yǐ bào
养 须 教，三 迁 效。断 织 恩，何 以 报。

zǐ shòu jiào　　fǎ zuò bǎo　　yòu xué nián　　zé qīn kào
子 受 教，法 作 保。幼 学 年，择 亲 靠。

[诗文释义]

　　为人父母，有了子女就要承担教育责任，孟母三迁的典故至今仍值得效法。孟母为劝学而断杼的重教之恩，做子女的终身难以报答。子女受教育的权利受到法律的保护，父母若使接受义务教育的未成年人辍学，则是违法的。如果父母离异，年满十周岁的子女，有权利根据自己的需求和判断选择由父亲还是母亲来抚养和教育。

注释：
　　1. 三迁：孟轲的母亲在他年幼时，为给孟轲找到适合其成长、受教育的环境，曾多次搬家，择邻而居的典故。
　　2. 断织：孟轲的母亲为劝其刻苦读书而断机杼的典故，以此让孟轲明白读书一半而荒废就如同将织了一半的布剪断一样，将前功尽弃。
　　3. 幼学年：即"幼学之年"，年满十岁之意。《礼记·曲礼上》有"人生十年曰幼，学"。后人即以"幼学之年"指代十岁。
　　4. 择亲：指根据法律规定，年满十周岁的孩子，在父母离婚时，对由父母哪一方抚养、随哪一方生活的问题，有发表意见的权利。

[概念解析]

1. 未成年人
2. 受教育权
3. 离婚
4. 抚养权
5. 探望权

[法律规定]

《中华人民共和国未成年人保护法》第三条 未成年人享有生存权、发展权、受保护权、参与权等权利，国家根据未成年人身心发展特点给予特殊、优先保护，保障未成年人的合法权益不受侵犯。

未成年人享有受教育权，国家、社会、学校和家庭尊重和保障未成年人的受教育权。

未成年人不分性别、民族、种族、家庭财产状况、宗教信仰等，依法平等地享有权利。

《中华人民共和国未成年人保护法》第十三条 父母或者其他监护人应当尊重未成年人受教育的权利，必须使适龄未成年人依法入学接受并完成义务教育，不得使接受义务教育的未成年人辍学。

《中华人民共和国婚姻法》第二十一条 父母对子女有抚养教育的义务；子女对父母有赡养扶助的义务。

父母不履行抚养义务时，未成年的或不能独立生活的子女，有要求父母付给抚养费的权利。

子女不履行赡养义务时，无劳动能力的或生活困难的父母，有要求子女付给赡养费的权利。

《中华人民共和国民法典》第二十六条 父母对未成年子女负有抚养、教育和保护的义务。

成年子女对父母负有赡养、扶助和保护的义务。

《中华人民共和国民法典》第一千零六十七条 父母不履行抚养义务的，未成年子女或者不能独立生活的成年子女，有要求父母给付抚养费的权利。

成年子女不履行赡养义务的，缺乏劳动能力或者生活困难的父母，有要求成年子女给付赡养费的权利。

《中华人民共和国婚姻法》第二十五条　非婚生子女享有与婚生子女同等的权利，任何人不得加以危害和歧视。

不直接抚养非婚生子女的生父或生母，应当负担子女的生活费和教育费，直至子女能独立生活为止。

《中华人民共和国民法典》第一千零七十一条　非婚生子女享有与婚生子女同等的权利，任何组织或者个人不得加以危害和歧视。

不直接抚养非婚生子女的生父或者生母，应当负担未成年子女或者不能独立生活的成年子女的抚养费。

《中华人民共和国婚姻法》第三十八条　离婚后，不直接抚养子女的父或母，有探望子女的权利，另一方有协助的义务。

行使探望权利的方式、时间由当事人协议；协议不成时，由人民法院判决。

父或母探望子女，不利于子女身心健康的，由人民法院依法中止探望的权利；中止的事由消失后，应当恢复探望的权利。

《中华人民共和国民法典》第一千零八十六条　离婚后，不直接抚养子女的父或者母，有探望子女的权利，另一方有协助的义务。

行使探望权利的方式、时间由当事人协议；协议不成时，由人民法院判决。

父或者母探望子女，不利于子女身心健康的，由人民法院依法中止探望；中止的事由消失后，应当恢复探望。

《最高人民法院关于人民法院审理离婚案件处理子女抚养关系的若干具体意见》第五条　父母双方对十周岁以上的未成年子女随父或随母生活发生争执的，应考虑该子女的意见。

《中华人民共和国民法典》第一千零八十四条　父母与子女间的关系，不因父母离婚而消除。离婚后，子女无论由父或者母直接抚养，仍是父母双方的子女。

离婚后，父母对于子女仍有抚养、教育、保护的权利和义务。

离婚后，不满两周岁的子女，以由母亲直接抚养为原则。已满两周岁的子女，父母双方对抚养问题协议不成的，由人民法院根据双方的具体情况，按照最有利于未成年子女的原则判决。子女已满八周岁的，应当尊重其真实意愿。

[故事链接]

孟母三迁

昔孟子少时,父早丧,母仉(音"涨")氏守节。居住之所近于墓,孟子学为丧葬,躄(音"闭",扑倒之意)踊痛哭之事。母曰:"此非所以处子也。"乃去,遂迁居市旁,孟子又嬉为贾人炫卖之事,母曰:"此又非所以处子也。"舍市,近于屠,学为买卖屠杀之事。母又曰:"是亦非所以处子矣。"继而迁于学宫之旁。每月朔望,官员入文庙,行礼跪拜,揖让进退,孟子见,一一习记。孟母曰:"此真可以处子也。"遂居于此。

译文:孟子年少时,家住在坟墓的附近。孟子经常喜欢在坟墓之间嬉游玩耍。孟母见此情景,就觉得这个地方不适合居住,于是就带着孟子搬迁到市场附近居住下来。可是,孟子又顽皮地学商人买卖和屠宰猪羊的事情。孟母又觉得此处也不适合孟子居住,于是又搬迁到书院旁边住下来。此时,孟子便模仿官员、儒生学作礼仪之事。孟母认为,这正是孟子所适宜居住的地方,于是就定居下来了。

(摘自西汉·刘向《列女传》)

经典语录

昔孟母,择邻处,子不学,断机杼。

——《三字经》

养不教,父之过,教不严,师之惰。子不学,非所宜,幼不学,老何为?

——《三字经》

一个做父亲的,当他生养了孩子的时候,还只不过是完成了他的任务的三分之一。他对人类有生育人的义务;他对社会有培养合群的人的义务;他对国家有造就公民的义务。

——〔法〕卢梭

[典型案例]

马某某与王某抚养权纠纷案

（2014年未成年人保护典型案例）

马某某与王某于2013年11月1日经法院调解解除同居关系，双方对子女抚养、财产分割达成协议，约定非婚生长女王某甲、次女王某乙、长子王某丙均由王某抚养，马某某每周享有一次探望权。协议生效后非婚生长女王某甲、次女王某乙、长子王某丙随王某生活，2014年3月起长女王某甲随马某某一起生活。自2013年9月起三个子女均离开学校辍学。

马某某作为原告将被告王某诉至法院，要求变更将非婚生长女王某甲和次女王某乙的抚养权变更为由原告马某某抚养。法院认为，未成年人的受教育权依法应当受到尊重和保障，根据《中华人民共和国未成年人保护法》第三条第二款"未成年人享有受教育权，国家、社会、学校和家庭尊重和保障未成年人的受教育权"及第十三条"父母或者其他监护人应当尊重未成年人受教育的权利，必须使适龄未成年人依法入学接受并完成义务教育，不得使接受义务教育的未成年人辍学"的规定，本案中原、被告协议解除同居关系后，被告王某作为子女的抚养权人没有担负起抚养、教育子女的职责，擅自剥夺子女的受教育权，侵犯了孩子的合法权益，从有利于子女身心健康，保障子女合法权益出发，判决变更抚养权，非婚生长女、次女均由原告抚养。

模法师导师教学指引

一、教学目的

通过学生对马某某与王某抚养权纠纷案的学习和导师对未成年人、受教育权、离婚、抚养权、探望权等概念的讲解，使学生知道未成年人有受教育的权利，了解受教育的权利受到侵害应当怎样维护。让学生懂得珍惜学习的机会，懂得对父母的教育之恩进行报答。通过学习还需让学生了解孟母三迁、孟母断织的典故及孔子和儒家思想对中华法系的影响。

二、微话剧表演

1. 在导师指导下，选几位同学分组，表演孟母三迁、孟母断织的微话剧。让学生自由发挥，按自己的意愿选择故事的发展方向与台词。
2. 在导师指导下，选几位同学分组，表演马某某与王某抚养权纠纷的微话剧。让学生自由发挥，按自己的意愿选择故事的发展方向与台词。
3. 在微话剧表演时摄制视频，用于模拟开庭前的播放。

三、讲课内容

1. 讲授未成年人、受教育权、离婚、抚养权、探望权五个概念。
2. 介绍《未成年人保护法》《民法典》婚姻家庭编等法律中关于未成年人保护的相关规定。
3. 分析马某某与王某抚养权纠纷案的法律问题并重点讲授未成年人受教育权受到侵害时应该怎样维权。
4. 介绍孟母三迁、孟母断织的故事及孔子其人。

四、分组准备

选择六至十名学生分审判人员、原告及其代理律师、被告及其代理律师、书记员四组,分别准备马某某与王某抚养权纠纷案的模拟一审开庭。

五、模拟法庭

导师指导学生针对本案例开模拟法庭。

六、自由辩论

导师归纳在模拟开庭和微话剧表演中的一至三个争议焦点问题,选择二至六名同学进行自由辩论。

七、分组讨论

针对以下问题组织学生分组讨论十分钟,讨论结束后每组选派一名学生向大家脱稿报告讨论结果。

1. 你觉得孟母劝学的方法是否妥当,你有无更好的方法和建议?
2. 如果有同学的受教育权受到父母侵犯,请出主意怎样依法来维护他的权利。
3. 婚生子女和非婚生子女的权利会受到同等保护吗?
4. 结合当前普遍存在的家庭教育问题,讨论学习究竟是子女的权利还是义务。

八、导师总结

导师根据各组讨论报告进行总结并引导学生进行思考,之后综合以上全部教学内容给学生讲解诗文的释义,要求学生理解并背诵。

九、学时分配

共5学时,其中微话剧表演1学时,讲课1学时,分组准备1学时,模拟开庭与辩论1学时,分组讨论0.5学时,导师总结0.5学时。

[模拟开庭法律文书参考范本]

一、民事起诉状

民事起诉状

原告：马某某，女，1983年5月4日出生，现住A省B县XX路XXX号，个体工商户。

委托代理人唐某，某某律师事务所律师。

被告：王某，男，1980年10月16日出生，现住A省B县XX路XXX号，个体工商户。

委托代理人谢某，某某律师事务所律师。

诉讼请求：

1. 判令长女王某甲、次女王某乙变更由原告抚养，被告支付抚养费每人每月300元，至孩子18周岁为止；
2. 本案诉讼费由被告承担。

事实与理由：

原、被告一直同居生活，没有领取结婚证，在2013年8月原告向法院起诉，双方解除了同居关系，原告在作出让步后达成调解协议：三个子女（长女王某甲、次女王某乙、长子王某丙）均由被告王某抚养。但三个孩子由被告抚养后被告却没有担负起对孩子的抚养义务，并且剥夺了三个孩子的受教育权，现三个孩子均辍学在家，被告还让长女与次女在其经营的餐馆中干活。另外在协议中原告对非婚生子女每星期享有一次探望权，但被告却一直不让原告探望孩子。依照《中华人民共和国婚姻法》第二十五条："非婚生子女享有与婚生子女同等的权利，任何人不得加以危害和歧视。"《中华人民共和国未成年人保护法》第十三条："父母或者其他监护人应当尊重未成年人受教育的权利，必须使适龄未成年人依法入学接受并完成义务教育，不得使接受义务教育的未成年人辍学"等规定，为了保护孩子的合法权益，使孩子的生活及学习有所保障，现请求人民法院判决非婚生长女王某甲、次女王某乙变更由原告抚养，被告每月承担每个孩子的抚养费300元，至孩子年满18周岁止；并由被告承担本案的案件受理费。

　　此致
B县人民法院

起诉人：马某某
二〇一四年三月二十四日

二、民事答辩状

答辩状

　　答辩人：王某，男，1980年10月16日出生，现住A省B县XX路XXX号，个体工商户。

　　答辩人因与马某某抚养权纠纷一案，答辩如下：

　　我与原告一直同居生活，没有领取结婚证，在2013年8月原告向法院起诉，解除了我们的同居关系，我们达成调解协议：三个子女（长女王某甲、次女王某乙、长子王某丙）均由我抚养。我现在有固定的收入，能给孩子提供较好的学习和成长条件，原告无固定经济来源和住所，对孩子将来的成长不利。

　　我也并没有剥夺三个孩子的受教育权，而是因为原告将孩子户口本拿走，导致三个孩子至今无法报名上学。另外原告说我不让其探望孩子，这与实际情况不符，真正的原因是原告自己不来探望孩子，对孩子不关心，并不是我不让探望。因此我不同意变更对三个孩子的抚养权，请求法院驳回原告的诉讼请求。

　　此致
B县人民法院

答辩人：王某
二〇一四年三月二十八日

三、原告证据清单

证据清单（原告提供）

第一组证据（共一份）

证据名称：

（2013）B民一初字第324号民事调解书一份，共3页。

证明目的：

证明原、被告于2013年11月1日经法院调解达成了子女抚养及财产分割的协议。

证据来源：

留存文件。

第二组证据（共一份）

证据名称：

B县第一小学出具的证明一份，共1页。

证明目的：

证明从2013年9月至今原在该校就读的学生即原、被告的三个子女（长女王某甲、次女王某乙、长子王某丙）不在该校上学。

证据来源：

B县第一小学出具。

第三组证据（共一份）

证据名称：

原、被告长女王某甲亲笔书写的材料一份及照片一份，共3页。

证明目的：

证明长女及次女、长子与被告生活期间没有上学，并证明长女愿随其母亲生活。

证据来源：

长女王某甲书写形成。

四、原告委托代理人代理词

原告代理词

尊敬的审判长、审判员：

某某律师事务所受马某某的委托，指派本律师，担任马某某与王某抚养权纠纷一案的诉讼代理人。经代理人调取案件相关证据材料，参加今天的庭审，现围绕法庭归纳的争议焦点，提出以下代理意见，供法庭参考。

原、被告双方自认识后一直同居生活，仅按照习俗办理了婚礼并未领取结婚证，在2013年8月原告向法院起诉，双方解除了同居关系，原告本想抚养三个孩子，但是当时迫于无奈在作出让步后达成调解协议：三个子女（长女王某甲、次女王某乙、长子王某丙）均由被告王某抚养。

但三个孩子由被告抚养后，被告却没有担负起对孩子应尽的抚养义务，并且剥夺了三个孩子的受教育权，导致现三个孩子均辍学在家，被告还让长女与次女在其经营的餐馆中干活。严重违反了《中华人民共和国婚姻法》第二十五条以及《中华人民共和国未成年人保护法》第十三条的规定，剥夺了孩子的受教育权，严重影响到了孩子的身心健康发展。

另外根据民事调解书，原告对非婚生子女每星期享有一次探望权，但被告却一直不让原告行使对孩子的探望权。根据原告提供的长女王某甲亲笔书写的材料证实，孩子也不愿意继续与王某生活，依据《最高人民法院关于人民法院审理离婚案件处理子女抚养关系的若干具体意见》第五条："父母双方对十周岁以上的未成年子女随父或随母生活发生争执的，应考虑该子女的意见。"对于孩子的选择权，希望合议庭予以充分考虑。

以上代理意见，请合议庭参考。谢谢！

诉讼代理人：唐某

二〇一四年四月五日

五、被告委托代理人代理词

被告代理词

尊敬的审判长、审判员：

  我依法接受王某的委托，担任马某某与王某抚养权纠纷一案王某的诉讼代理人，出庭参与诉讼活动。现就将本案争议焦点和有关法律适用问题等，发表代理意见如下：

  被告对于原告所述的两人共同生活但未办理结婚证，以及后来双方在法院主持下达成的三个子女（长女王某甲、次女王某乙、长子王某丙）均由被告王某抚养的调解协议予以认可。

  原、被告双方签订的调解协议是在法院调解下签订的，是双方真实的意思表示，原告其实并不想三个孩子。原告一直说被告不让她探望，其实是原告自己不来探望，并不是被告从中作梗不让原告行使其探望权，对此原告也未提交任何证据。以上事实都说明了原告的冷漠与对三个孩子的放弃。原告现一直居住在娘家，以打工为生，根本无法保证两个女儿的正常生活及学习费用。综上，请合议庭充分考虑孩子的生活和学习，为了能够让孩子更好地成长，驳回原告的诉求。

  以上代理意见，请合议庭参考。谢谢！

诉讼代理人：谢某
二〇一四年四月五日

六、判决书

B县人民法院民事判决书

（2014）B民一初字第220号

  原告：马某某，女，1983年5月4日出生，现住A省B县XX路XXX号，个体工商户。

  委托代理人唐某，某某律师事务所律师。

  被告：王某，男，1980年10月16日出生，现住A省B县XX路XXX号，个体工商户。

委托代理人谢某，某某律师事务所律师。

原告马某某与被告王某抚养权纠纷一案，本院于 2014 年 3 月 25 日受理后，依法开庭进行了审理。原告马某某、被告王某均到庭参加了诉讼，本案现已审理终结。

原告马某某诉称，原、被告多年来一直同居生活，没有领取结婚证，2013 年 8 月原告向法院起诉，双方解除了同居关系，原告在作出让步后达成调解协议，三个子女（长女王某甲、次女王某乙、长子王某丙）均由被告王某抚养，但三个孩子由被告抚养后被告却没有担负起对孩子的抚养义务，并且剥夺了三个孩子的受教育权，现三个孩子均辍学在家，被告还让长女与次女在其经营的餐馆中干活。另外在协议中原告对非婚生子女每星期享有一次探望权，但被告却一直不让原告行使对孩子的探望权，为了保护孩子的合法权益，使孩子的生活及学习有所保障，现请求人民法院判决非婚生长女王某甲、次女王某乙变更由原告抚养，被告每月承担每个孩子的抚养费 300 元，至孩子年满 18 周岁止，并要求被告承担本案的案件受理费。

被告王某辩称，被告现在有固定的收入，能给孩子提供较好的学习和成长环境，原告无固定经济来源和住所，对孩子将来的成长不利，被告并没有剥夺三个孩子的受教育权，而是原告将户口本拿走，三个孩子至今无法报名上学。另外原告称被告不让其探望孩子，原因是原告自己不来探望孩子，对孩子不关心。因此不同意原告变更抚养权的请求。

本案经审理查明，原告马某某与被告王某于 2013 年 11 月 1 日经法院依法调解，双方对子女抚养及财产分割达成协议，协议约定非婚生长女王某甲、次女王某乙、长子王某丙均由被告王某抚养，原告马某某每星期享有一次探望权。协议生效后非婚生长女王某甲、次女王某乙、长子王某丙随被告生活，2014 年 3 月始长女王某甲随原告马某某一起生活。另查，自 2013 年 9 月起三个子女均离开学校，至今没有在校上学。

本院认为，未成年人的受教育权依法应当受到尊重和保障，根据《中华人民共和国未成年人保护法》第三条第二款"未成年人享有受教育权，国家、社会、学校和家庭尊重和保障未成年人的受教育权"及第十三条"父母或者其他监护人应当尊重未成年人受教育的权利，必须使适龄未成年人依法入学接受并完成义务教育，不得使接受义务教育的未成年人辍学"的规定，本案中原、被告协议解除同居关系后被告王某作为子女的抚养权人没有担负起抚养、教育子女的职责，擅自剥夺子女的受教育权，侵犯了孩子的合法权益，庭审中查明非婚生长女王某甲现随原告一起生活，原告提供的长女的书面材料中，长女王某甲表示愿随原告一起生活，对非婚生次女的抚养问题，从有利于子女身心健康，保障子女合法权益出发，非婚生长女、次女由原告抚养较为适宜，原告要求变更子女抚养权的理由符合法律规定，本院予以支持。据此，依照《中华人民共和国婚姻法》第二十一条、第二十五条第一款、第三十八条，最高人民法院《关于人民法院审理离婚案件处理子女抚养关系的若干具体意见》第十六条第一款第（四）项，《中华人民共和国未成年人保护法》第三条第二款、第十三条之规定判决如下：

一、非婚生长女王某甲、次女王某乙由原告马某某抚养，被告每月承担每个孩子的抚养费300元，至孩子年满18周岁止，被告对不直接抚养的非婚生女每星期享有一次探望权。

二、本案案件受理费300元，由原告马某某承担。

如不服本判决，可在判决书送达之日起十五日内，向本院递交上诉状，并按对方当事人的人数提出副本，上诉于C市中级人民法院。

审判长　车某某
审判员　张某
人民陪审员　李某某
二〇一四年四月十五日
书记员　马某某
（院印）

[法律人物]

孔子

孔子（公元前551—前479年），名丘，字仲尼，春秋末鲁国陬（音"邹"）邑昌平乡（今山东曲阜）人，春秋末期的思想家、教育家、政治家，儒家思想的创始人，儒家学派的代表人物。"儒"的本义是指掌握一定的文化知识、精通周礼并以从事教育、执掌礼仪为业者。因孔丘早年曾从事这一职业，故其创立的学派被称为儒家。相传孔子曾修《诗》《书》，订《礼》《乐》，序《周易》，撰写《春秋》。他毕生致力于传道、授业、解惑，被后人尊称为"至圣先师，万世师表"。孔子去世后，其弟子及再传弟子把孔子及其弟子的言行语录和思想记录下来，整理编成著名的儒家学派经典著作《论语》。相传孔子有弟子三千，贤弟子七十二人。孔子提出并建立了以"仁"为核心、以"复礼"为目的的思想体系，作为整个儒家的理论基础，并构建了儒家法律思想的体系，对中华法系产生了极其深远的影响。儒家的代表人物除孔丘外，还有战国中期的孟轲和战国后期的荀况。孟轲沿袭了孔丘的思想体系，秦汉以后往往孔孟并提，而有所谓"孔孟之道"。荀况是儒法合流、礼法统一的先行者。儒家在继承和发展西周"礼治"和"明德慎罚"思想的基础上，提出了维护"礼治"、提倡"德治"等法律观点。

第六讲 劳动签

wéi láo dòng　cái zhì gòng　quán lì míng　hé tóng zhòng
唯劳动，财智共。权利明，合同重。

bǐ wèi qiān　shì shí ān　xún guò sān　shuāng bèi pàn
彼未签，事实谙。旬过三，双倍判。

[诗文释义]

　　人们只有热爱劳动并勤奋地工作，才能既收获到财富，又收获到智慧。作为劳动者同时要学会维护自己的权益，签订书面的劳动合同是明确自己和用人单位劳动关系的重要依据。如果用人单位拒绝与劳动者签订书面劳动合同，就需根据是否存在事实劳动关系来认定，一般情况下，劳动者只要参加了劳动，事实劳动关系的成立都是比较清楚的。按《中华人民共和国劳动合同法》的规定，用人单位自用工之日起超过一个月未与劳动者订立书面劳动合同的，法院或仲裁机构将会裁判其向劳动者每月支付二倍的工资。

注释：
1. 谙：清楚、熟悉。
2. 旬过三：每月分为上、中、下三旬，旬过三即经过一个月。
3. 双倍判：法院判决给劳动者支付双倍工资。

[概念解析]

1. 劳动合同
2. 劳动关系
3. 事实劳动关系
4. 工资
5. 工伤

[法律规定]

《中华人民共和国劳动法》第三条　劳动者享有平等就业和选择职业的权利、取得劳动报酬的权利、休息休假的权利、获得劳动安全卫生保护的权利、接受职业技能培训的权利、享受社会保险和福利的权利、提请劳动争议处理的权利以及法律规定的其他劳动权利。劳动者应当完成劳动任务，提高职业技能，执行劳动安全卫生规程，遵守劳动纪律和职业道德。

《中华人民共和国劳动法》第十六条　劳动合同是劳动者与用人单位确立劳动关系、明确双方权利和义务的协议。建立劳动关系应当订立劳动合同。

《中华人民共和国劳动合同法》第十条　建立劳动关系，应当订立书面劳动合同。

已建立劳动关系，未同时订立书面劳动合同的，应当自用工之日起一个月内订立书面劳动合同。

用人单位与劳动者在用工前订立劳动合同的，劳动关系自用工之日起建立。

《中华人民共和国劳动合同法》第十七条　劳动合同应当具备以下条款：

（一）用人单位的名称、住所和法定代表人或者主要负责人；

（二）劳动者的姓名、住址和居民身份证或者其他有效身份证件号码；

（三）劳动合同期限；

（四）工作内容和工作地点；

（五）工作时间和休息休假；

（六）劳动报酬；

（七）社会保险；

（八）劳动保护、劳动条件和职业危害防护；

（九）法律、法规规定应当纳入劳动合同的其他事项。

劳动合同除前款规定的必备条款外，用人单位与劳动者可以约定试用期、培训、保守秘密、补充保险和福利待遇等其他事项。

《中华人民共和国劳动合同法》第八十二条　用人单位自用工之日起超过一个月不满一年未与劳动者订立书面劳动合同的，应当向劳动者每月支付二倍的工资。

用人单位违反本法规定不与劳动者订立无固定期限劳动合同的，自应当订立无固定期限劳动合同之日起向劳动者每月支付二倍的工资。

[故事链接]

"杂交水稻之父"袁隆平

袁隆平很小就对农学感兴趣，大学填报志愿时便选了农学专业。大学毕业后，他立志要用自己的知识和劳动改变中国农村贫穷落后的面貌，于是远离繁华的都市，选择了偏远的湘西农村教书。他利用一切课余时间走进田间地头调查研究、辛勤劳作。在长期深入思考和实践的过程中，"灵感"终于涌现，培育杂交水稻的念头闪现入他脑海。虽然袁隆平的这一设想与传统的遗传学说相悖，他还是通过在艰苦劳动中努力研究来顶住众多质疑甚至嘲笑。为了找到理想的稻株，他吃了早饭就下田，一整天就靠随身带的水壶与干粮充饥，艰苦的环境和不规律的饮食曾使他肠胃患病。七月酷暑时节，他顶着烈日手拿放大镜一穗穗大海捞针般地在田间寻找，汗水在背上结成盐痂，皮肤被晒得脱了皮。凭着坚忍不拔的意志和吃苦耐劳的精神，在勘察了14万余株稻穗后，终于发表了引起国内外学术界惊叹的论文《水稻的雄性不孕性》。之后，他又天南地北地长途跋涉，经年累月地艰苦工作，凭着他的智慧与执着，克服了一个又一个常人难以想象的困难，终于在海南岛发现"野败"；1974年他在安江农校试种的"南优2号"杂交稻亩产超过常规稻数倍；1976年，袁隆平和他的助手们用勤劳和勇敢揭开了我国杂交水稻大面积种植、推广的大幕；1996年又成功研制出两系杂交水稻。通过不懈的劳动带来的杂交水稻研究的成功，终使袁隆平戴上"杂交水稻之父"的桂冠，并从一个躬身农田的科研工作者成为中国工程院院士。成功后的袁隆平始终以社稷民生为念，他满怀深情地表示，今生最大的心愿就是让杂交水稻更多地造福中国，造福世界，让所有人都能远离饥饿。在浩瀚的宇宙中，闪耀着一颗以袁隆平的名字命名的小行星，成为人们心目中"夜空中最亮的星"之一。

经典语录

要工作，要勤劳。劳作是最可靠的财富。

——〔法〕拉封丹

灵感，不过是顽强地劳动而获得的奖赏。

——〔俄〕列宾

热爱劳动吧。没有一种力量能像劳动，即集体、友爱、自由的劳动的力量那样使人成为伟大和聪明的人。

——〔苏联〕高尔基

朝起早，夜眠迟，老易至，惜此时。

——《弟子规》

[典型案例]

梁某乙与 A 省 D 公司劳动争议案

(2013 年事实劳动关系典型案例)

A 省 D 公司承接 E 省第六工程公司承建的 B 市东方国际 R1 栋 8—9 单元栏杆施工后,将部分施工任务承包给梁某甲,由梁某甲组织人员进行施工,经梁某甲招用,梁某乙到前述施工地点提供劳务。D 公司与梁某乙及梁某甲相互之间均未签订有劳动合同等相关合同。2008 年 6 月 27 日,梁某乙在施工过程中从三楼坠落摔伤,被送至 B 市三〇三医院救治。就梁某乙负责的施工部分的生活费、工程费、人工费等款项,D 公司与梁某甲进行结算,与包括梁某乙在内的梁某甲招用的其他劳务人员无直接款项结算、支领来往。2008 年 8 月 24 日,《N 早报》对梁某乙摔伤住院治疗等相关情况进行了报道。2008 年 10 月 26 日,E 省第六工程公司 B 市东方国际 R1 楼项目经理部向梁某乙出具《工作函》,陈述了摔伤的有关情况并要求向劳动部门提出劳动能力鉴定。后因补偿问题未能达成一致意见,梁某乙向 B 市劳动争议仲裁委员会提请仲裁,要求确认梁某乙与 D 公司存在事实劳动关系及支付双倍工资、拖欠工资赔偿金等。劳动仲裁裁决确认存在事实劳动关系后,D 公司不服,诉至法院。

法院经一审、二审、再审后,对梁某乙由梁某甲雇请到现场施工的事实予以确认。根据中华人民共和国劳动和社会保障部《关于确立劳动关系有关事项的通知》(劳社部发〔2005〕12 号文件)第四条:"建筑施工、矿山企业等用人单位将工程(业务)或经营权发包给不具备用工主体资格的组织或自然人,对该组织或自然人招用的劳动者,由具备用工主体资格的发包方承担用工主体责任"的规定,D 公司作为发包人在选择分包承包人时应选择有用工主体资格的单位,在没有尽到自己的注意义务,将工程发包给没有相应资质、不具备用工主体资格的梁某甲的情况下,应对由梁某甲雇请来的工人承担用工主体责任,故确认 D 公司与梁某乙之间存在事实劳动关系。同时判 D 公司支付梁某乙未签订书面劳动合同双倍工资差额 3262.5 元(2008 年 4 月、5 月、6 月),支付梁某乙 2008 年 4 月、5 月、6 月工资共计 3262.5 元。

模法师导师教学指引

一、教学目的

通过对梁某乙与A省D公司劳动争议案的学习和对劳动合同、劳动关系、事实劳动关系、工资、双倍工资、工伤等概念的讲解，使学生理解什么是劳动关系，什么是劳动合同以及签订劳动合同的重要性。引导学生建立参加劳动要签订劳动合同，这样才能保护好劳动者的权利之意识，同时将这种意识带回家庭，带给自己的父母。了解事实劳动关系的认定及用工单位不签劳动合同须支付双倍工资的法律规定。在教育学生用法律武器保护自己未来的劳动权利不受侵犯的同时，还要教育学生热爱劳动，特别是通过对李嘉诚等名人敬业事迹的介绍，明白只有劳动才能创造财富、成就事业的道理。

二、微话剧表演

1. 在导师指导下，选几位同学分组，表演梁某乙与A省D公司劳动争议纠纷的微话剧。让学生自由发挥，按自己的意愿选择故事的发展方向与台词。
2. 在微话剧表演时摄制视频，用于模拟开庭前的播放。

三、讲课内容

1. 讲授劳动合同、劳动关系、事实劳动关系、工资、工伤五个概念。
2. 介绍《中华人民共和国劳动法》《中华人民共和国劳动合同法》等法律中关于保护劳动者权益的相关规定。
3. 分析梁某乙与A省D公司劳动争议案的法律问题并重点讲授作为劳动者没有签订书面劳动合同怎么维权。
4. 介绍袁隆平的故事及盖尤斯其人。

四、分组准备

选择六至十名学生分审判人员、原告及其代理律师、被告及其代理律师、书记员四组，分别准备梁某乙与 A 省 D 公司劳动争议案的模拟一审开庭。

五、模拟法庭

导师指导学生针对本案例开模拟法庭。

六、自由辩论

导师归纳在模拟开庭和微话剧表演中的一至三个争议焦点问题，选择二至六名同学进行自由辩论。

七、分组讨论

针对以下问题组织学生分组讨论十分钟，讨论结束后每组选派一名学生向大家脱稿报告讨论结果。

1. 你的父母在外参加劳动，是否签订了劳动合同？假设没有签合同，你觉得会给他们和家庭带来哪些风险？
2. 委托你回家给自己的父母讲劳动合同的法律知识，你该怎样讲？请列出你想讲的主要内容。

八、导师总结

导师根据各组讨论报告进行总结并引导学生进行思考，之后综合以上全部教学内容给学生讲解诗文的释义，要求学生理解并背诵。

九、学时分配

共 5 学时，其中微话剧表演 1 学时，讲课 1 学时，分组准备 1 学时，模拟开庭与辩论 1 学时，分组讨论 0.5 学时，导师总结 0.5 学时。

[模拟开庭法律文书参考范本]

一、民事起诉状

民事起诉状

原告：A省D公司，住所地：B市XX路XX号。
法定代表人黄某，系公司总经理。
委托代理人赵某，某某律师事务所律师。

被告：梁某乙，男，1986年9月28日出生，住B市XX路XX号，现无业。
委托代理人李某，某某律师事务所律师。

诉讼请求：
1. 确认D公司与梁某乙之间不存在劳动关系；
2. 确认D公司不应向梁某乙支付工资差额3915元、工资2610元；
3. 本案全部诉讼费用由梁某乙承担。

事实与理由：
我公司承接了E省第六工程公司承建的B市东方国际R1栋8—9单元栏杆施工后，将施工任务分包给包工头梁某甲，被告梁某乙是包工头雇请的工人，负责打杂、运送管材等工作，其全部工资、生活费等均由包工头梁某甲支付，直接受包工头的指挥、监督、管理和支配，我公司与梁某乙没有任何法律关系。

在梁某乙受伤事故发生后，我公司出于人道主义立场，已经代为垫付医疗费、伙食费等，对梁某乙在仲裁中提出的支付双倍工资、拖欠工资赔偿金等不切实际的巨额赔偿，D公司不能接受，故此诉至贵院，请求贵院查明事实判如所请。

此致
C 县人民法院

起诉人：A 省 D 公司

二〇〇九年一月六日

二、民事答辩状

答辩状

答辩人：梁某乙，男，1979 年 10 月 16 日出生，住 B 市 XX 路 XX 号，现无业。

答辩人因与 D 公司劳动争议一案，答辩如下：

梁某甲是 D 公司的焊工，而不是承接分包工程的包工头，我是经梁某甲介绍到 D 公司工作的，与 D 公司存在事实劳动关系。2008 年 6 月 27 日下午，D 公司在安全网已经拆除的情况下，仍然强令工人施工，导致我被钢管弹出，从 3 楼坠至地面。在治疗过程，由于治疗费用增多，D 公司拒付治疗费并要求我强制出院，现是为了逃避责任才将我诉至法院。同时，D 公司还应向我支付未签订劳动合同的每月两倍工资差额至签订劳动合同之日止，计算公式为 60 元 / 天 ×21.7 天 =1305 元 / 月。并支付拖欠我 2008 年 4—6 月份的工资 5280 元。计算公式为 60 元 / 天 ×88 天。

此致
C 县人民法院

答辩人：梁某乙

二〇〇九年一月十二日

三、原告证据清单

证据清单（原告提供）

第一组证据（共一份）

证据名称：

录音视听资料光盘一张。

证明目的：

证明梁某乙是由梁某甲带到事发地点工作。

证据来源：

留存文件。

第二组证据（共一份）

证据名称：

借款单一份，共1页。

证明目的：

证明D公司向梁某甲进行了工资费用结算和支付。

证据来源：

留存文件。

第三组证据（共一份）

证据名称：

B市三〇三医院缴费单一份，共1页。

证明目的：

证明D公司向梁某乙垫付了医疗费。

证据来源：

医院提供。

四、被告证据清单

证据清单（被告提供）

第一组证据（共一份）

证据名称：

《N日报》一份，共3页。

证明目的:

证明被告在工地跌落受伤的事实。

证据来源:

N 报社。

第二组证据(共一份)

证据名称:

B 市三〇三医院病历及票据一份,共 5 页。

证明目的:

证明被告因伤在医院治疗经过。

证据来源:

病历从 B 市三〇三医院复印,票据系 B 市三〇三医院开具。

第三组证据(共一份)

证据名称:

工地工人李某证言一份,共 2 页。

证明目的:

证明被告在该涉案工地工作且因工受伤。

证据来源:

证人李某提供。

第四组证据(共一份)

证据名称:

B 劳仲裁字〔2009〕70 号《劳动争议仲裁裁决书》一份,共 3 页。

证明目的:

证明 D 公司与梁某乙存在事实劳动关系。

证据来源:

B 市劳动争议仲裁委员会。

五、原告委托代理人代理词

原告代理词

尊敬的审判长、审判员:

某某律师事务所受D公司的委托,指派本律师,担任D公司与梁某乙劳动争议纠纷一案的诉讼代理人。经代理人调取案件相关证据材料,参加今天的庭审,现围绕法庭归纳的争议焦点,提出以下代理意见,供法庭参考。

D公司承接了E省第六工程公司承建的B市东方国际R1栋8—9单元栏杆施工后,将部分施工任务分包给梁某甲,与梁某甲之间是工程分包关系,就梁某甲负责的施工部分的生活费、工程费、人工费等款项,D公司与梁某甲进行结算,与包括梁某乙在内的梁某甲招用的其他劳务人员无直接款项结算、支领来往。梁某乙是梁某甲雇请的,在梁某甲处领取劳动报酬,他们双方虽然没有签订任何雇佣合同,但已形成事实上的雇佣关系。

D公司与梁某乙未签订劳动用工合同,没有长期、固定的工作关系,梁某乙不受D公司各项劳动规章制度和相关的劳动纪律的管理,没有从D公司处领取劳动报酬。因梁某乙与D公司之间不存在劳动关系,故梁某乙请求支付2008年5月、6月的工资、拖欠工资的赔偿金以及未签订劳动合同的双倍工资差额依法无据,不应予以支持。

此致
C县人民法院

代理人:赵某
二〇〇九年一月二十三日

六、被告委托代理人代理词

被告代理词

尊敬的审判长、审判员:

某某律师事务所受梁某乙的委托,指派本律师,担任D公司与梁某乙劳动争议纠纷一案的诉讼代理人。经代理人调取案件相关证据材料,参加今天的庭审,现围绕法庭归纳的争议焦点,提出以下代理意见,供法庭参考。

关于梁某甲在本案中的身份。梁某甲是D公司的焊工，而不是承接分包工程的包工头。梁某乙是经梁某甲介绍到D公司工作的，D公司未与梁某乙签订书面劳动合同即让梁某乙进行劳动，双方之间存在事实劳动关系，并不是D公司所说的无任何关系。

2008年6月27日下午，D公司在安全网已经拆除的情况下，仍然强令工人施工，导致梁某乙被钢管弹出，从3楼坠至地面。在治疗过程，由于治疗费用增多，D公司拒付治疗费并要求梁某乙强制出院，后来经过劳动仲裁认定了双方存在事实劳动关系，D公司起诉初衷其实是为了逃避责任。

根据《中华人民共和国劳动合同法》第十条"建立劳动关系，应当订立书面劳动合同。已建立劳动关系，未同时订立书面劳动合同的，应当自用工之日起一个月内订立书面劳动合同"及《中华人民共和国劳动合同法》第八十二条"用人单位自用工之日起超过一个月不满一年未与劳动者订立书面劳动合同的，应当向劳动者每月支付二倍的工资"等规定，应当驳回原告的诉讼请求。

此致
C县人民法院

代理人：李某

二〇〇九年一月二十三日

七、判决书

C县人民法院民事判决书

（2009）C民一初字第021号

原告：A省D公司，住所地B市XX路XX号。

法定代表人黄某，系公司总经理。

委托代理人赵某，某某律师事务所律师。

被告：梁某乙，男，1986年9月28日出生，住B市XX路XX号，现无业。

委托代理人李某，某某律师事务所律师。

原告D公司与被告梁某乙劳动争议纠纷一案，本院于2009年1月7日受理后，依法公开开庭进行了审理。原告D公司、D公司的委托代理人赵某、被告梁某乙、梁某乙的委托代理人李某均到庭参加了诉讼，本案现已审理终结。

原告D公司诉称：我公司承接了E省第六工程公司承建的B市东方国际R1栋8—9单元栏杆施工后，将施工任务分包给包工头梁某甲，被告梁某乙是包工头雇请的工人，负责打杂、运送管材等工作，其全部工资、生活费等均由包工头梁某甲支付，直接接受包工头的指挥、监督、管理和支配，我公司与梁某乙没有任何法律关系。

在梁某乙受伤事故发生后，我公司出于人道主义立场，已经代为垫付医疗费、伙食费等，对梁某乙在仲裁中提出的支付双倍工资、拖欠工资赔偿金等不切实际的巨额赔偿，D公司不能接受，故请求法院确认D公司与梁某乙之间不存在劳动关系，并且D公司不应向梁某乙支付工资差额3915元、工资2610元，本案全部诉讼费用由梁某乙承担。

被告梁某乙辩称：梁某甲是D公司的焊工，而不是承接分包工程的包工头，我是经梁某甲介绍到D公司工作的，与D公司存在事实劳动关系。2008年6月27日下午，D公司在安全网已经拆除的情况下，仍然强令工人施工，导致我被钢管弹出，从3楼坠至地面。在治疗过程，由于治疗费用增多，D公司拒付治疗费并要求我强制出院，现是为了逃避责任才将我诉至法院，要求法院确认双方不存在劳动关系。同时，D公司还应向我支付未签订劳动合同的每月两倍工资差额至签订劳动合同之日止，计算公式为60元/天×21.7天=1305元/月。并支付拖欠我2008年4—6月份的工资5280元。计算公式为60元/天×88天。

本院经审理查明：D公司承接E省第六工程公司承建的B市东方国际R1栋8—9单元栏杆施工后，将部分施工任务承包给梁某甲，由梁某甲组织人员进行施工，经梁某甲招用，梁某乙到前述施工地点提供劳务。D公司与被告梁某乙及梁某甲相互之间均未签订有劳动合同等相关合同。2008年6月27日,梁某乙在施工过程中从三楼坠落,被送至B市三〇三医院救治。就梁某甲负责的施工部分的生活费、工程费、人工费等款项,D公司与梁某甲进行结算,与包括梁某乙在内的梁某甲招用的其他劳务人员无直接款项结算、支领来往。2008年8月24日,《N早报》对梁某乙摔伤住院治疗等相关情况进行了报道。2008年10月26日,E省第六工程公司承建的B市东方国际R1楼项目经理部向梁某乙出具《工作函》,内容如下:"梁某乙同志于2008年6月27日14:00,在东方国际R1楼8—9单元三楼栏杆施工处,由于工作不慎跌下,项目部及时送往三〇三医院检查治疗,经过四个月的治疗现已达到出院条件,并可向劳动部门提出劳动能力鉴定,如拒不出院接受劳动能力鉴定,我方将停止你方享受住院费用。"2008年11月3日,因补偿问题未能达成一致意见,D公司、梁某乙及E省第六工程公司承建的B市东方国际R1楼项目经理部向B市建设局建管处致《工作函》,表示通过仲裁及法律程序进行处理。后梁某乙向B市劳动争议仲裁委员会提请仲裁,要求:一、确认梁某乙与D公司存在事实劳动关系;二、责令D公司支付2008年3月至6月不签订劳动合同双倍工资7200元;三、支付2008年5月至6月工资2700元;四、支付拖欠工资赔偿金2430元。2009年5月6日,B市劳动争议仲裁委员会作出B劳仲裁字〔2009〕70号《仲裁裁决书》,裁决:确认梁某乙与D公司之间自2008年3月起存在事实劳动关系;D公司应支付梁某乙未签订书面劳动合同双倍工资差额部分3915元、2008年5月至6月工资2610元;驳回梁某乙其他申诉请求。D公司还提交录音视听资料光盘一张,录音对话双方为梁某乙与陈某(原告方自认陈某为D公司项目经理)。录音中梁某乙本人认可其系由梁某甲带到事发地点工作。另查明,D公司经营范围包括:钢筋作业分包劳务分包壹级,混凝土作业分包,木工作业分包壹级,砌筑作业分包贰级。

本院认为:

一、关于双方是否存在劳动关系的问题。D公司提供的录音中梁某乙已认可其系由梁某甲带到事发地点工作的事实,该录音未涉及其他第三人的隐私、商业秘密,是双方围绕事故发生后如何解决问题的对话,为有效证据。而且从《N早报》的相关报道也可以知道梁某乙系由梁某甲招用的事实,故确认梁某乙经梁某甲招用至B市东方国际R1栋从事8—9单元栏杆施工工作的事实。根据中华人民共和国劳动和社会保障部《关于确立劳动关系有关事项的通知》(劳社部发〔2005〕12号文件)第四条规定:"建筑施工、矿山企业等用人单位将工程(业务)或经营权发包给不具备用工主体资格的组织或自然人,对该组织或自然人招用的劳动者,由具备用工主体资格的发包方承担用工主体责任。"根据该规定,D公司承接E省第六工程公司承建的B市东方国际R1栋8—9单元栏杆的劳务施工工程后,若将该劳务工程分包,应选择具备用工主体资格的分包承包人,现D公司选择的梁某甲并不具备用工主体资格,D公司作为发包人在选择分包承包人时没有尽到自己的注意义务而将工程发包给没有相应资质、不具备用工主体资格的承包人梁某甲,梁某甲为完成承包工作而招用的劳动者应视为发包人的员工,故D公司与梁某乙之间存在劳动关系,在此基础上,D公司作为发包人承担用工主体责任。

二、关于工资数额的问题。最高人民法院《关于审理劳动争议案件适用法律若干问题的解释》第十三条规定:"因用人单位作出的开除、除名、辞退、解除劳动合同、减少劳动报酬、计算劳动者工作年限等决定而发生的劳动争议,用人单位负举证责任。"原劳动部颁发的《工资支付暂行规定》(劳部发〔1994〕489号)第六条第二款规定:"用人单位可委托银行代发工资。用人单位必须书面记录支付劳动者工资的数额、时间、领取者的姓名以及签字,并保存两年以上备查。用人单位在支付工资时应向劳动者提供一份其个人的工资清单。"中华人民共和国劳动和社会保障部《建设农民工工资支付管理暂行办法》(劳社部发〔2004〕22号)第七条规定:"企业应将工资直接发放给农民工本人,严禁发放给'包工头'或其他不具备用工主体资格的组织和个人。"D公司应对梁某乙在其施工现场工作期间的起始时间、工资标准及发放情况承担举证责任,虽然D公司提交的借款单显示其向梁某甲进行了有关B市东方国际R1栋8—9单元栏杆施工人员的工资费用结算和支付,但该行为违反了前述规定,仍应承担向梁某乙支付工资的义务;同时,因

D公司未能举证证实梁某乙的工资标准，故对梁某乙主张其工资标准为60元/天、自2008年3月起在D公司处工作及2008年4月至6月工资未领的意见予以支持。由于双方未签订书面的劳动合同，根据中华人民共和国劳动和社会保障部《关于职工全年月平均工作时间和工资折算问题的通知》（劳社部发〔2008〕3号）的相关规定，在本案中梁某乙的月工资应按21.75天/月×60元/天=1305元/月的标准计算。另根据《中华人民共和国劳动合同法》第八十二条第一款规定："用人单位自用工之日起超过一个月不满一年未与劳动者订立书面劳动合同的，应当向劳动者每月支付二倍的工资。"《中华人民共和国劳动合同法实施条例》第七条规定："用人单位自用工之日起满一个月的次日至满一年的前一日应当依照劳动合同法第八十二条的规定向劳动者每月支付两倍的工资，并视为自用工之日起满一年的当日已经与劳动者订立无固定期限劳动合同，应当立即与劳动者补订书面劳动合同。"D公司应支付梁某乙2008年4月、5月、6月的双倍工资。据此，判决如下：

一、确认D公司与梁某乙自2008年3月起存在劳动关系；

二、D公司应支付梁某乙未签订书面劳动合同双倍工资差额部分3915元（2008年4月、5月、6月）；

三、D公司支付梁某乙2008年5月、6月工资共计2610元。案件受理费10元，由D公司负担。

如不服本判决，可在判决书送达之日起十五日内，向本院递交上诉状，并按对方当事人的人数提出副本，上诉于B市中级人民法院。

审判长　刘某某
审判员　赵某
人民陪审员　李某某
二〇一四年四月十五日
书记员　张某某
（院印）

[法律人物]

盖尤斯

盖尤斯（约130—约180年），是罗马帝国前期著名法学家。盖尤斯的代表作是《法学阶梯》，该书不仅是当时法律学校的教材，成为查士丁尼编纂法典的范本，同时也是唯一的一部完整地传至后世的古代罗马法学家的文献，此外它还是西方法学史上第一部严格意义上的法学专著。盖尤斯的论著则是以纯粹法学的视野来研究法律现象。其能完整地传至后世，在一定程度上归功于该书的普及程度。该书大约成于公元161年前后，是一部初级法学教材，长期用作罗马法科学生的课本。有关私法的内容几乎都已涉及，很适宜作法律学校的教材。

第七讲 借贷利

jiè shū miàn　píng zhèng xiān　　jìn gāo lì　　jiè shí qián
借书面，凭　证　先。禁高利，借实钱。

quán lì mián　mǎn sān nián　　èr shí zǎi　shèng sù quán
权利眠，满三年。二十载，胜诉权。

[诗文释义]

借款或贷款应当签订书面合同以明确借贷双方的权利义务关系，在借款发生时要及时形成借据、收据、欠条等债权凭证并妥善保管。禁止高利放贷，借款的利率不得违反国家有关规定。借款的利息预先在本金中扣除的，应当按照实际借款并计算利息。法律不保护"躺在权利上睡觉"的人，请求保护民事权利的诉讼时效期间为三年。诉讼时效期间自权利人知道或者应当知道权利受到损害以及义务人之日起计算，但是自权利受到损害之日起超过二十年的，则会丧失胜诉权，得不到法律保护了。

注释：

1. 书面：即书面借款合同。

2. 禁高利：禁止高利放贷的行为。

3. 借实钱：借款合同中，借款的利息不得预先在本金中扣除，否则应当按照实际借款数额返还借款并计算利息。

4. 胜诉权：法院可以对其进行保护的权利。

[概念解析]

1. 民间借贷
2. 利息
3. 诉讼时效
4. 诉讼时效中断

[法律规定]

《中华人民共和国合同法》第一百九十六条　借款合同是借款人向贷款人借款，到期返还借款并支付利息的合同。

《中华人民共和国民法典》第六百六十七条　借款合同是借款人向贷款人借款，到期返还借款并支付利息的合同。

《中华人民共和国民法典》第六百六十八条　借款合同应当采用书面形式，但是自然人之间借款另有约定的除外。

借款合同的内容一般包括借款种类、币种、用途、数额、利率、期限和还款方式等条款。

《中华人民共和国民法典》第六百七十条　借款的利息不得预先在本金中扣除。利息预先在本金中扣除的，应当按照实际借款数额返还借款并计算利息。

《中华人民共和国合同法》第二百一十一条　自然人之间的借款合同对支付利息没有约定或者约定不明确的，视为不支付利息。自然人之间的借款合同约定支付利息的，借款的利率不得违反国家有关限制借款利率的规定。

《中华人民共和国民法典》第六百七十五条　借款人应当按照约定的期限返还借款。对借款期限没有约定或者约定不明确，依据本法第五百一十条的规定仍不能确定的，借款人可以随时返还；贷款人可以催告借款人在合理期限内返还。

《中华人民共和国民法典》第六百七十六条　借款人未按照约定的期限返还借款的，应当按照约定或者国家有关规定支付逾期利息。

《中华人民共和国民法典》第六百七十七条　借款人提前返还借款的，除当事人另有约定外，应当按照实际借款的期间计算利息。

《中华人民共和国民法典》第六百八十条　禁止高利放贷，借款的利率不得违反国家有关规定。

借款合同对支付利息没有约定的，视为没有利息。

借款合同对支付利息约定不明确，当事人不能达成补充协议的，按照当地或者当事人的交易方式、交易习惯、市场利率等因素确定利息；自然人之间借款的，视为没有利息。

《最高人民法院关于审理民间借贷案件适用法律若干问题的规定》（2020年12月23日第二次修正）第一条　本规定所称的民间借贷，是指自然人、法人和非法人组织之间进行资金融通的行为。

经金融监管部门批准设立的从事贷款业务的金融机构及其分支机构，因发放贷款等相关金融业务引发的纠纷，不适用本规定。

《最高人民法院关于人民法院审理借贷案件的若干意见》六、民间借贷的利率可以适当高于银行的利率，各地人民法院可根据本地区的实际情况具体掌握，但最高不得超过银行同类贷款利率的四倍（包含利率本数）。超出此限度的，超出部分的利息不予保护。

《最高人民法院关于审理民间借贷案件适用法律若干问题的规定》第二十六条　借贷双方约定的利率未超过年利率24%，出借人请求借款人按照约定的利率支付利息的，人民法院应予支持。借贷双方约定的利率超过年利率36%，超过部分的利息约定无效。借款人请求出借人返还已支付的超过年利率36%部分的利息的，人民法院应予支持。

《最高人民法院关于审理民间借贷案件适用法律若干问题的规定》（2020年12月23日第二次修正）第二十四条　借贷双方没有约定利息，出借人主张支付利息的，人民法院不予支持。

自然人之间借贷对利息约定不明，出借人主张支付利息的，人民法院不予支持。除自然人之间借贷的外，借贷双方对借贷利息约定不明，出借人主张利息的，人民法院应当结合民间借贷合同的内容，并根据当地或者当事人的交易方式、交易习惯、市场报价利率等因素确定利息。

《最高人民法院关于审理民间借贷案件适用法律若干问题的规定》（2020年12月23日第二次修正）第二十五条　出借人请求借款人按照合同约定利率支付利息的，人民法院应予支持，但是双方约定的利率超过合同成立时一年期贷款市场报价利率四倍的除外。

前款所称一年期贷款市场报价利率，是指中国人民银行授权全国银行间同业拆借中心自2019年8月20日起每月发布的一年期贷款市场报价利率。

《最高人民法院关于审理民间借贷案件适用法律若干问题的规定》（2020年12月23日第二次修正）第二十六条　借据、收据、欠条等债权凭证载明的借款金额，一般认定为本金。预先在本金中扣除利息的，人民法院应当将实际出借的金额认定为本金。

《最高人民法院关于审理民间借贷案件适用法律若干问题的规定》（2020年12月23日第二次修正）第二十七条　借贷双方对前期借款本息结算后将利息计入后期借款本金并重新出具债权凭证，如果前期利率没有超过合同成立时一年期贷款市场报价利率四倍，重新出具的债权凭证载明的金额可认定为后期借款本金。超过部分的利息，不应认定为后期借款本金。

按前款计算，借款人在借款期间届满后应当支付的本息之和，超过以最初借款本金与以最初借款本金为基数、以合同成立时一年期贷款市场报价利率四倍计算的整个借款期间的利息之和的，人民法院不予支持。

《最高人民法院关于审理民间借贷案件适用法律若干问题的规定》（2020年12月23日第二次修正）第二十八条　借贷双方对逾期利率有约定的，从其约定，但是以不超过合同成立时一年期贷款市场报价利率四倍为限。

未约定逾期利率或者约定不明的，人民法院可以区分不同情况处理：

（一）既未约定借期内利率，也未约定逾期利率，出借人主张借款人自逾期还款之日起参照当时一年期贷款市场报价利率标准计算的利息承担逾期还款违约责任的，人民法院应予支持；

（二）约定了借期内利率但是未约定逾期利率，出借人主张借款人自逾期还款之日起按照借期内利率支付资金占用期间利息的，人民法院应予支持。

《最高人民法院关于审理民间借贷案件适用法律若干问题的规定》（2020年12月23日第二次修正）第二十九条　出借人与借款人既约定了逾期利率，又约定了违约金或者其他费用，出借人可以选择主张逾期利息、违约金或者其他费用，也可以一并主张，但是总计超过合同成立时一年期贷款市场报价利率四倍的部分，人民法院不予支持。

《最高人民法院关于审理民间借贷案件适用法律若干问题的规定》（2020年12月23日第二次修正）第三十条　借款人可以提前偿还借款，但是当事人另有约定的除外。

借款人提前偿还借款并主张按照实际借款期限计算利息的，人民法院应予支持。

《最高人民法院关于审理民间借贷案件适用法律若干问题的规定》（2020年12月23日第二次修正）第三十一条　本规定施行后，人民法院新受理的一审民间借贷纠纷案件，适用本规定。

2020年8月20日之后新受理的一审民间借贷案件，借贷合同成立于2020年8月20日之前，当事人请求适用当时的司法解释计算自合同成立到2020年8月19日的利息部分的，人民法院应予支持；对于自2020年8月20日到借款返还之日的利息部分，适用起诉时本规定的利率保护标准计算。

本规定施行后，最高人民法院以前作出的相关司法解释与本规定不一致的，以本规定为准。

《中华人民共和国民法典》第一百八十八条　向人民法院请求保护民事权利的诉讼时效期间为三年。法律另有规定的，依照其规定。

诉讼时效期间自权利人知道或者应当知道权利受到损害以及义务人之日起计算。法律另有规定的，依照其规定。但是，自权利受到损害之日起超过二十年的，人民法院不予保护，有特殊情况的，人民法院可以根据权利人的申请决定延长。

《中华人民共和国民法典》第一百九十二条　诉讼时效期间届满的，

义务人可以提出不履行义务的抗辩。

诉讼时效期间届满后，义务人同意履行的，不得以诉讼时效期间届满为由抗辩；义务人已经自愿履行的，不得请求返还。

《中华人民共和国民法典》第一百九十五条　有下列情形之一的，诉讼时效中断，从中断、有关程序终结时起，诉讼时效期间重新计算：

（一）权利人向义务人提出履行请求；

（二）义务人同意履行义务；

（三）权利人提起诉讼或者申请仲裁；

（四）与提起诉讼或者申请仲裁具有同等效力的其他情形。

[故事链接]

还欠款一万元

甲与乙书面协议，由乙向甲借款五万元。后来，乙归还了部分借款，甲为乙在书面协议上写"还欠款一万元"。之后，甲因乙迟迟不归还余款，遂向法院起诉，要求乙归还余款4万元，双方对"还欠款一万元"的意思各持己见。甲认为，自己在协议后面写这句话，是为乙出具的一张收条，其真实意思是，实际收到了乙归还的欠款1万元，乙仍然欠款4万元，这里的"还"应读为"huán"；乙则认为，甲出具的条子是一张欠款证明，它证明了甲与乙之间现存的欠款数额，此处的"还"应当读为"hái"，意思为，乙还有1万元未归还，故应判乙归还甲1万元。这个故事告诉我们，用词不严谨会给自己造成麻烦，让别有用心的人钻了空子。

经典语录

借人物,及时还;人借物,有勿悭。
——《弟子规》

法律不保护躺在权利上睡觉的人。
——古希腊法谚

[典型案例]

卜某某与冯某某民间借贷案

(本案系2013年民间借贷典型案例)

卜某某分别于2003年1月16日、2003年5月21日、2003年12月26日、2004年5月29日、2004年9月21日向冯某某借款5000元、5000元、8500元、10000元、2000元,合计30500元。2004年3月22日,冯某某从A信用社贷款20000元,与卜某某各自使用10000元,卜某某于2005年2月28日向冯某某出具11000元借条一张,其中10000元为本金,1000元为银行贷款的利息。上述六笔借款除2003年1月16日借款约定使用期限至2003年12月1日外,其余五笔借款对使用期限均未作书面约定;除2003年5月21日借款约定月利率为2%之外,其余五笔借款对利息均未作出书面约定。后经冯某某催要,卜某某未偿还借款，冯某某将卜某某诉至法院。

　　法院经审理查明案件事实，认为卜某某和冯某某之间形成了民间借贷关系。2003年5月21日借款约定月利率为2%超出法律规定的范围，依法应调整为按中国人民银行同期同类贷款基准利率四倍计算。冯某某主张其余五笔借款，双方口头约定月利率为2%，卜某某对此予以否认，冯某某亦未能举证证明，故其余五笔借款应视为不支付利息。逾期利息应参照中国人民银行同期同类贷款基准利率计算。关于诉讼时效，2003年1月16日的借款，双方约定使用期限至2003年12月1日，卜某某辩称此笔借款已经超过诉讼时效，冯某某予以否认，称自2004年起曾向卜某某催要借款，并申请证人胡某、林某出庭作证。法院认为两名出庭证人证言仅能证明自2004年至2006年间冯某某曾向卜某某催要借款，而冯某某于2013年8月13日起诉来院，已经超过诉讼时效。其余五笔借款均未约定使用期限，冯某某自认借款后一年内即向卜某某催要借款，卜某某据此辩称借款已经超过诉讼时效，但卜某某对于冯某某要求其偿还其余五笔借款的宽限日期以及其明确表示不履行还款义务的具体日期，均未提供有效证据予以证明。最终法院判决：一、卜某某于判决生效后十日内偿还冯某某借款本金35500元、利息1000元及逾期利息（以35500元为基数，自2013年8月13日起按中国人民银行同期同类贷款基准利率计算至本判决确定的给付之日止）。二、驳回冯某某的其他诉讼请求。

模法师导师教学指引

一、教学目的

通过对卜某某与冯某某民间借贷案的学习和对民间借贷、借款合同、利息、诉讼时效等概念的讲解，使学生理解什么是民间借贷，什么是利息，什么是诉讼时效。教育学生从小树立契约意识，明白借款须还保信用，契约精神终受益的道理。了解诉讼时效和时效中断的法律规定，了解法律对民间借贷利息的规定。

二、微话剧表演

1. 在导师指导下，选几位同学分组，表演"还欠款一万元"的微话剧。尽量让学生自由发挥，按自己的意愿选择故事的发展方向与台词。
2. 在导师指导下，选几位同学分组，表演卜某某与冯某某民间借贷纠纷的微话剧。尽量让学生自由发挥，按自己的意愿选择故事的发展方向与台词。
3. 在微话剧表演时摄制视频，用于模拟开庭前的播放。

三、讲课内容

1. 讲授民间借贷、借款合同、利息、诉讼时效四个概念。
2. 介绍《民法典》总则及合同编、《最高人民法院关于审理民间借贷案件适用法律若干问题的规定》中关于民间借贷和诉讼时效的相关规定。
3. 分析卜某某与冯某某民间借贷案的法律问题并重点讲解本案中超过诉讼时效的问题和未约定借款利息则不予支持的问题。
4. 介绍"还欠款一万元"的故事，导师须以此故事向学生说明合同用语准确的重要性。

四、分组准备

选择六至十名学生分审判人员、原告及其代理律师、被告及其代理律师、书记员四组，分别准备卜某某与冯某某民间借贷纠纷一案的模拟一审开庭。

五、模拟法庭

导师指导学生针对本案例开模拟法庭。

六、自由辩论

导师归纳在模拟开庭和微话剧表演中的一至三个争议焦点问题，选择二至六名同学进行自由辩论。

七、分组讨论

针对以下问题组织学生分组讨论十分钟，讨论结束后每组选派一名学生向大家脱稿报告讨论结果。

1. 你对《弟子规》中的"借人物，及时还；人借物，有勿悭"是怎么理解的？
2. 如果你爸爸的朋友向他借了 5000 元钱，说好借三个月归还，但已经过了三年了还没有还，你该怎样让爸爸保护自己的权利？

八、导师总结

导师根据各组讨论报告进行总结并引导学生进行思考，之后综合以上全部教学内容给学生讲解诗文的释义，要求学生理解并背诵。

九、学时分配

共 5 学时，其中微话剧表演 1 学时，讲课 1 学时，分组准备 1 学时，模拟开庭与辩论 1 学时，分组讨论 0.5 学时，导师总结 0.5 学时。

[模拟开庭法律文书参考范本]

一、民事起诉状

民事起诉状

原告：冯某某，女，1952年2月12日生，农民，住B市C县D村XX号。

委托代理人赵某，某某律师事务所律师

被告：卜某某，女，1953年10月1日生，退休职工，住B市C县XX路XX号。

委托代理人李某，某某律师事务所律师

诉讼请求：

1. 要求被告偿还借款本金41500元及利息（分别以5000元、5000元、8500元、10000元、2000元、11000元为本金自2003年1月16日、2003年5月21日、2003年12月26日、2004年5月29日、2004年9月21日、2005年2月28日起按月利率2%计算至借款付清时止）。

2. 本案诉讼费由被告承担。

事实与理由：

2003年1月16日至2005年2月28日间，被告卜某某因经营及偿还信用社贷款需要，分六次向原告借款，合计41500元，其中2003年1月16日借款5000元约定于2003年12月1日前还清，其余借款均未约定使用期限，双方约定借款月利率为2%。后经原告多次催要，被告未偿还借款。为保护原告合法权益，依照《中华人民共和国合同法》第二百零一条："贷款人未按照约定的日期、数额提供借款，造成借款人损失的，应当赔偿损失。借款人未按照约定的日期、数额收取借款的，应当按照约定的日期、数额支付利息"规定，现起诉要求被告偿还借款本金41500元及利息（分别以5000元、5000元、8500元、10000元、2000元、11000元为本金自2003年1月16日、2003年5月21日、

2003年12月26日、2004年5月29日、2004年9月21日、2005年2月28日起按月利率2%计算至借款付清时止)。请求法院判如所请，维护原告的合法权益。

此致
C县人民法院

起诉人：冯某某
二〇一三年八月十三日

二、民事答辩状

答辩状

答辩人：卜某某，女，1953年10月1日生，退休职工。

答辩人因与冯某某借款纠纷一案，答辩如下：

原告在诉状中的陈述与事实不符。我于2003年5月21日向原告借款5000元，2003年12月4日由我妹妹卜某甲归还借款，但借据未收回。其余五张借据均不是借款。当时因为原告为我销售酒水给煤矿，酒款未结算，原告说先给我部分酒款，等煤矿酒款收回时再从中予以扣除。我给原告出具的是收据，但原告不同意并说如不写借据，今后不再为我要酒款，故我所写的借据并非是借款而是酒款，当我得知原告及其女儿王某甲将煤矿酒款占为己有后，我已经以原告不当得利向贵院起诉，此案正在审理中。

借贷双方对五张借据约定待双方酒款结算后再支付，原告现在起诉等于债权没有到期。综上所述原告起诉我欠款没有事实及法律依据。另借据上并未约定利息，且借款已超过诉讼时效，请求法庭依法驳回原告诉讼请求。

此致
C县人民法院

答辩人：卜某某
二〇一三年八月十九日

三、原告证据清单

证据清单（原告提供）

第一组证据（共一份）

证据名称：
借据六张，共6页。
证明目的：
证明双方存在借款事实。
证据来源：
留存文件。

第二组证据（共一份）

证据名称：
证人胡某某、林某某证言。
证明目的：
证明原告曾向被告催要过借款。
证据来源：
证人提供。

四、被告证据清单

证据清单（被告提供）

证据名称：
酒品销售单，共10页。
证明目的：
证明原告为被告销售酒水给煤矿。
证据来源：
被告留存。

五、原告委托代理人代理词

原告代理词

尊敬的审判长、审判员：

某某律师事务所受冯某某的委托，指派本律师，担任冯某某与卜某某借款纠纷一案的诉讼代理人。经代理人调取案件相关证据材料，参加今天的庭审，现围绕法庭归纳的争议焦点，提出以下代理意见，供法庭参考。

被告分别于2003年1月16日、2003年5月21日、2003年12月26日、2004年5月29日、2004年9月21日向原告冯某某借款5000元、5000元、8500元、10000元、2000元，合计30500元。2004年3月22日，原告从A信用社贷款20000元，与被告各自使用10000元，被告于2005年2月28日向原告出具11000元借条一张，其中10000元为本金，1000元为银行贷款的利息。

上述借款，有被告向原告出具的六张借据为证，该借据形式完备，内容合法，双方之间因此形成的民间借贷关系是合法有效的。被告辩称并非借款而是预支的酒款，应由其提出证据予以证实，但被告未能提供证据加以证明，应承担举证不利的后果。

原告主张并未超过诉讼时效。原告提供证人胡某某、林某某的证言可以证实自2004年起曾向被告催要借款，根据《中华人民共和国民法通则》第四十条："诉讼时效因提起诉讼、当事人一方提出要求或者同意履行义务而中断。从中断时起，诉讼时效期间重新计算。"的规定，原告不断的催款行为引起诉讼时效的中断，所以原告的主张并未超出诉讼时效。

此致
C县人民法院

代理人：赵某
二〇一三年八月二十七日

六、被告委托代理人代理词

被告代理词

尊敬的审判长、审判员：

某某律师事务所受卜某某的委托，指派本律师，担任冯某某与卜某某借款纠纷一案的诉讼代理人。经代理人调取案件相关证据材料，参加今天的庭审，现围绕法庭归纳的争议焦点，提出以下代理意见，供法庭参考。

原告陈述与事实不符，被告卜某某于2003年5月21日向原告借款5000元，2003年12月4日已由被告妹妹卜某甲归还借款，只是未将借据收回。

剩余的五张借据名为借款，但实际上均不是借款。当时是因为原告为被告销售酒水给煤矿，双方之间的酒款未结算，原告提出先给其部分酒款，等煤矿酒款收回时再从中予以扣除。被告即给原告出具收据，但原告不同意并要求写为借据，并保证今后不再向被告主张酒款。故被告所写的借据并非是借款，而是酒款。当被告得知原告及其女儿王某甲将煤矿酒款占为己有后，被告已经以原告不当得利向贵院起诉，此案正在审理中。由于借贷双方对五张借据约定待双方酒款结算后再支付，所以原告现在起诉等于债权没有到期。

双方在借据上并未约定利息，依据《中华人民共和国合同法》第二百一十一条："自然人之间的借款合同对支付利息没有约定或者约定不明确的，视为不支付利息"的规定，原告主张利息的请求于法无据。另外，依据《中华人民共和国民法通则》第一百三十五条："向人民法院请求保护民事权利的诉讼时效期间为二年，法律另有规定的除外"的规定，原告主张早已超出诉讼时效，依法不应再予以保护。

综上所述，原告起诉被告欠款没有事实及法律依据，且已超过诉讼时效。请求法庭依法驳回原告诉讼请求。

此致
C县人民法院

代理人：李某
二〇一三年八月二十七日

七、判决书

C县人民法院民事判决书

（2013）C民初字第0492号

原告：冯某某，女，1952年2月12日生，农民，住B市C县D村XX号。

委托代理人赵某，某某律师事务所律师。

被告：卜某某，女，1953年10月1日生，退休职工，住B市C县XX路XX号。

委托代理人李某，某某律师事务所律师。

原告冯某某与被告卜某某借款纠纷一案，本院于2013年8月14日受理后，依法公开开庭进行了审理。原告冯某某、冯某某的委托代理人赵某、被告卜某某、卜某某的委托代理人李某均到庭参加了诉讼，本案现已审理终结。

原告冯某某诉称：2003年1月16日至2005年2月28日间，被告卜某某因经营及偿还信用社贷款需要，分六次向我借款，合计41500元，其中2003年1月16日借款5000元约定于2003年12月1日前还清，其余借款均未约定使用期限，双方约定借款月利率为2%。后经我多次催要，被告未偿还借款。现起诉要求被告偿还借款本金41500元及利息（分别以5000元、5000元、8500元、10000元、2000元、11000元为本金自2003年1月16日、2003年5月21日、2003年12月26日、2004年5月29日、2004年9月21日、2005年2月28日起按月利率2%计算至借款付清时止）。

被告卜某某辩称：原告在诉状中的陈述与事实不符，我于2003年5月21日向原告借款5000元，2003年12月4日由我妹妹卜某甲归还借款，但借据未收回。其余五张借据均不是借款。当时因为原告为我销售酒水给煤矿，酒款未结算，原告说先给我部分酒款，等煤矿酒款收回时再从中予以扣除。我给原告出具的是收据，但原告不同意并说如不写借据，今后不再为我要酒款。故我所写的借据并非是借款，而是酒款，当我得知原告及其女儿王某甲将煤矿酒款占为己有后，我已经以原告不当得利向贵院起诉，此案正在审理中。

借贷双方对五张借据约定待双方酒款结算后再支付，原告现在起诉等于债权没有到期。综上所述，原告起诉我欠款没有事实及法律依据，借据上并未约定利息，且借款已超过诉讼时效，请求法庭依法驳回原告诉讼请求。

本院经审理查明：被告卜某某分别于2003年1月16日、2003年5月21日、2003年12月26日、2004年5月29日、2004年9月21日向原告冯某某借款5000元、5000元、8500元、10000元、2000元，合计30500元。2004年3月22日，原告从A信用社贷款20000元，与被告各自使用10000元，被告于2005年2月28日向原告出具11000元借条一张，其中10000元为本金，1000元为银行贷款的利息。上述六笔借款除2003年1月16日借款使用期限至2003年12月1日，其余五笔借款对使用期限均未作出书面约定；除2003年5月21日借款约定月利率为2%，其余五笔借款对利息均未作出书面约定。后经原告催要，被告未偿还借款。双方因而成讼。

另据查明：2011年3月22日，卜某某因与冯某某、王某甲买卖合同纠纷一案起诉来院，本院于2011年4月14日作出如下判决：一、被告冯某某于本判决生效之日起15日内支付原告酒款22800元及利息（按照中国人民银行同期同类贷款基准利率自2004年10月30日起计算至被告冯某某实际给付之日止）。二、驳回原告对被告王某甲的诉讼请求。

2013年8月16日，卜某某因与冯某某、王某甲不当得利纠纷一案起诉来院，本院于2014年2月8日作出如下判决：一、被告王某甲于本判决生效后十日内返还原告卜某某酒款21600元及利息（自2010年3月20日起按照中国人民银行同期同类贷款基准利率计算至本判决确定给付之日止）；二、被告冯某某于本判决生效后十日内返还原告卜某某酒款84552元及利息（自2010年3月20日起按照中国人民银行同期同类贷款基准利率计算至本判决确定给付之日止）；三、驳回原告卜某某其他诉讼请求。后原、被告均不服判决结果提出上诉，该案处于二审阶段。

以上事实，有原告提供的借据六张、（2011）C民初字第0875号民事判决书及原、被告的当庭陈述等证据在卷佐证，本院予以确认。

本院认为：被告卜某某向原告冯某某借款，有其向原告出具的六张借据为证，该借据形式完备，内容合法，原、被告之间因此形成的民间借贷关系合法有效，依法应予以保护。被告辩称并非借款而是预支的酒款，但未能提供证据加以证明，应承担不利后果，故对被告此项抗辩意见，本院不予采纳。2003年2月21日借款约定月利率为2%超出法律规定的范围，依法应调整为按中国人民银行同期同类贷款基准利率四倍计算。原告主张其余五笔借款，双方口头约定月利率为2%，被告对此予以否认，原告亦未能举证证明，故其余五笔借款应视为不支付利息。逾期利息应参照中国人民银行同期同类贷款基准利率计算。

关于诉讼时效，本院认为，2003年1月16日的借款，双方约定使用期限至2003年12月1日，被告辩称此笔借款已经超过诉讼时效，原告称自2004年起曾向被告催要借款，并申请证人胡某某、林某某出庭作证。对此，本院认为，两名出庭证人证言仅能证明自2004年至2006年间原告曾向被告催要借款，而原告于2013年8月13日起诉来院，已经超过诉讼时效。其余五笔借款均未约定使用期限，根据最高人民法院《关于审理民事案件适用诉讼时效制度若干问题的规定》第六条之规定："未约定履行期限的合同，依照合同法第六十一条、第六十二条的规定，可以确定履行期限的，诉讼时效期间从履行期限届满之日起计算；不能确定履行期限的，诉讼时效期间从债权人要求债务人履行义务的宽限期届满之日起计算，但债务人在债权人第一次向其主张权利之时明确表示不履行义务的，诉讼时效期间从债务人明确不履行义务之日起计算。"本案中，原告自认借款后一年内即向被告催要借款，被告据此辩称借款已经超过诉讼时效，但被告对于原告要求其偿还其余五笔借款的宽限日期以及其明确表示不履行还款义务的具体日期，均未提供有效证据予以证明。故对被告此项抗辩意见，本院不予采纳。原告于2013年8月13日起诉来院，应视为五笔借款已经到期，该日期应当作为逾期利息的起算点。

综上，依照《中华人民共和国合同法》第二百零六条、第二百零七条、第二百一十一条之规定，判决如下：

一、被告卜某某于本判决生效后十日内偿还原告冯某某借款本金

35500元、利息1000元及逾期利息（以35500元为基数，自2013年8月13日起按中国人民银行同期同类贷款基准利率计算至本判决确定的给付之日止）。

二、驳回原告冯某某的其他诉讼请求。

如果未按本判决指定的期间履行给付金钱义务，应当依照《中华人民共和国民事诉讼法》第二百五十三条之规定，加倍支付迟延履行期间的债务利息。

案件受理费2887元，由原告冯某某负担348元，被告卜某某负担2539元（原告已预交，本院不再退还，被告卜某某负担的部分于本判决生效后十日内直接支付给原告）。

如不服本判决，可在判决书送达之日起十五日内，向本院递交上诉状并按对方当事人人数提出副本，上诉于A省B市中级人民法院，同时根据《诉讼费用交纳办法》的有关规定，向该院预交上诉案件受理费。

审判长　张某某
审判员　刘某
人民陪审员　宋某某
二〇一四年四月十五日
书记员　钱某某
（院印）

[法律人物]

亚里士多德

亚里士多德（公元前384—前322年），古代先哲，古希腊人，世界古代史上伟大的哲学家、科学家和教育家，堪称希腊哲学的集大成者。他是柏拉图的学生，亚历山大的老师。作为一位百科全书式的思想家，他几乎对每个学科都做出了贡献。他的写作涉及伦理学、哲学、心理学、经济学、神学、政治学、修辞学、自然科学、教育学、诗歌以及法律。公元前366年，亚里士多德被送到雅典的柏拉图学园学习，此后20年间亚里士多德一直住在学园，直至老师柏拉图去世。这一时期的学习和生活对他一生产生了决定性的影响。苏格拉底是柏拉图的老师，亚里士多德又受教于柏拉图。在雅典的柏拉图学园中，亚里士多德表现得很出色，柏拉图称他是"学园之灵"。他努力收集各种图书资料，勤奋钻研，甚至为自己建立了一个图书室。西方的契约精神源远流长，最早可追溯到古希腊，亚里士多德的思想对后世的契约理论影响深刻。继柏拉图之后，亚里士多德在《尼各马可伦理学》中提出了正义，并在理论上对正义作了详尽的论述。

第八讲 相邻安

xiāng lín fāng　shuǐ fēng guāng　bú dòng chǎn　tōng xíng chàng
相邻方，水风光，不动产，通行畅。

zhǐ sǔn hài　　pái fáng ài　　liù chǐ xiàng　ràng hé fáng
止损害，排妨碍。六尺巷，让何妨。

[诗文释义]

　　不动产的相邻各方，应当按照有利生产、方便生活、团结互助、公平合理的原则，正确处理用水、排水、通行、通风、采光、日照等方面的相邻关系。给相邻方造成妨碍或者损失的，应当停止侵害，排除妨碍，还需赔偿给对方造成的损失。清代张、吴两家六尺巷的传说，至今启发着我们，让我们懂得邻里相处要互谅互让，退一步则海阔天空的道理。

注释：
1. 水风光：指用水、排水、通风、采光、日照等方面的相邻关系。
2. 不动产：是指依自然性质或法律规定不可移动的财产，如土地、房屋等。
3. 通行：指不动产相邻各方通行的相邻关系。

[概念解析]

1. 物权
2. 不动产
3. 相邻权
4. 排除妨碍

[法律规定]

《中华人民共和国物权法》第八十四条 不动产的相邻权利人应当按照有利生产、方便生活、团结互助、公平合理的原则，正确处理相邻关系。

《中华人民共和国民法典》第二百八十八条 不动产的相邻权利人应当按照有利生产、方便生活、团结互助、公平合理的原则，正确处理相邻关系。

《中华人民共和国物权法》第八十六条 不动产权利人应当为相邻权利人用水、排水提供必要的便利。对自然流水的利用，应当在不动产的相邻权利人之间合理分配。对自然流水的排放，应当尊重自然流向。

《中华人民共和国民法典》第二百九十条 不动产权利人应当为相邻权利人用水、排水提供必要的便利。

对自然流水的利用，应当在不动产的相邻权利人之间合理分配。对自然流水的排放，应当尊重自然流向。

《中华人民共和国物权法》第八十七条 不动产权利人对相邻权利人因通行等必须利用其土地的，应当提供必要的便利。

《中华人民共和国民法典》第二百九十二条 不动产权利人因建造、修缮建筑物以及铺设电线、电缆、水管、暖气和燃气管线等必须利用相邻土地、建筑物的，该土地、建筑物的权利人应当提供必要的便利。

《中华人民共和国物权法》第八十九条 建造建筑物，不得违反国家有关工程建设标准，妨碍相邻建筑物的通风、采光和日照。

《中华人民共和国民法典》第二百九十三条　建造建筑物，不得违反国家有关工程建设标准，不得妨碍相邻建筑物的通风、采光和日照。

《中华人民共和国物权法》第九十一条　不动产权利人挖掘土地、建造建筑物、铺设管线以及安装设备等，不得危及相邻不动产的安全。

《中华人民共和国民法典》第二百九十五条　不动产权利人挖掘土地、建造建筑物、铺设管线以及安装设备等，不得危及相邻不动产的安全。

《中华人民共和国民法通则》第八十三条　不动产的相邻各方，应当按照有利生产、方便生活、团结互助、公平合理的精神，正确处理截水、排水、通行、通风、采光等方面的相邻关系。给相邻方造成妨碍或者损失的，应当停止侵害，排除妨碍，赔偿损失。

《中华人民共和国民法典》第二百八十八条　不动产的相邻权利人应当按照有利生产、方便生活、团结互助、公平合理的原则，正确处理相邻关系。

《中华人民共和国民法典》第二百九十六条　不动产权利人因用水、排水、通行、铺设管线等利用相邻不动产的，应当尽量避免对相邻的不动产权利人造成损害。

[故事链接]

六尺巷

清代康熙年间，文华殿大学士兼礼部尚书张英的老家人与邻居吴家在宅地的问题上发生了争执，因两家宅地都是祖上基业，时间又久远，对于宅界谁也不肯相让。双方将官司打到县衙，因双方都是官位显赫的名门望族，县官也不敢轻易了断。于是张家人千里传书到京城求救。张英大人阅过来信，只是释然一笑，旁边的人面面相觑，莫名其妙。只见张大人挥起大笔，一首诗一挥而就。诗曰："千里修书只为墙，让他三尺又何妨。长城万里今犹在，不见当年秦始皇。"交给来人，命快速带回老家。家里人一见书信回来，喜不自禁，以为张英一定有一个强硬的办法，或者有一条锦囊妙计，但家人看到的是一首打油诗，败兴得很。后来一合计，确实也只有"让"这唯一的办法，房地产是很可贵的家产，但争之不来，不如让三尺看看。于是立即动员将垣墙拆让三尺，大家交口称赞张英和他家人的旷达态度。张英的行为正应了那句古话："宰相肚里能撑船。"尚书一家的忍让行为，感动得邻居一家人热泪盈眶，全家一致同意也把围墙向后退三尺。两家人的争端很快平息了，两家之间，空了一条巷子，有六尺宽，有张家的一半，也有吴家的一半，这条几十丈长的巷子虽短，留给人们的思索却很长。于是两家的院墙之间有了一条宽六尺的巷子，村民们可以由此自由通过，六尺巷由此得名。

经典语录

忍一时风平浪静，退一步海阔天空。

——《增广贤文》

自由就是做法律许可范围内的事情的权利。

——〔古罗马〕西塞罗

世界上唯有两样东西能让我们的内心受到深深的震撼，一是我们头顶上灿烂的星空，一是我们内心崇高的道德法则。

——〔德〕康德

[模拟案例]

宋某某诉胡某某排除妨害纠纷案

胡某某、沈某系同住母子关系，宋某某与胡某某、沈某系邻居关系。宋某某宅在胡某某、沈某宅北。胡某某、沈某宅东弄堂里有南北向水泥路。该水泥路系宋某某自行建造，也是宋某某家进出的必经之路。2012年2月3日，B县D村村干部曾就宋某某与胡某某的土地纠纷进行过调处，双方承诺维持原状，以后如有需要，双方再商量。2014年，胡某某、沈某先靠自家东墙边堆放砖头，其后又将砖头堆放到南北向水泥路面上。2014年10月左右，胡某某、沈某又在屋后建造了七字形的水泥池。水泥池的西部占用了部分田间泥路。2014年10月11日，经E工业园区社会矛盾纠纷调处中心工作人员及D村村干部协调，因宋某某与胡某某、沈某意见分歧较大，无法调解成功。对此，E工业园区社会矛盾纠纷调处中心于2014年10月11日出具了处理意见，处理意见载明"1.弄堂中的通道系宋某某家进出的唯一的通道，任何人不得设置障碍。随着经济发展，进出通道越宽越好，方便汽车通行，有利行人安全。2.胡某某、沈某理应自行搬走砖块，方便邻里。3.建议宋某某家拿起法律武器，起诉到人民法院，维护自己的合法权益"。现宋某某将胡某某、沈某诉至法院，请求判令胡某某、沈某排除妨碍，清除道路上障碍物，恢复原状（即清除被告房屋东边的砖块及拆除水泥池）。

  法院认为，不动产的相邻各方，应当按照有利生产、方便生活、团结互助、公平合理的精神，正确处理截水、排水、通行、通风、采光等方面的相邻关系。给相邻方造成妨碍或者损失的，应当停止侵害，排除妨碍，赔偿损失。双方系邻居关系。南北向水泥路系宋某某必经通道，宋某某的通行权应受到法律保护。综合本案证据材料，可以认定胡某某、沈某放置在其房屋东墙东边及水泥场心东墙东边的砖块构成了通行妨碍，应予以清除。七字形水泥池并不构成通行、排水妨碍。综上，宋某某的部分诉请可予支持，其余诉请不予支持。沈某经法院传票传唤无正当理由拒不到庭参加诉讼，视为放弃举证、质证等诉讼权利，法院依法缺席判决。据此，根据《中华人民共和国民法通则》第八十三条，《中华人民共和国物权法》第八十四条、第八十七条，《中华人民共和国民事诉讼法》第一百四十四条之规定判决：一、胡某某、沈某于判决生效之日起十日内将放置在两被告房屋东墙东边及水泥场心东墙东边的所有砖块予以清除。二、驳回宋某某的其他诉讼请求。案件受理费人民币25元（已减半收取），由胡某某、沈某负担。

模法师 导师教学指引

一、教学目的

通过对宋某某与胡某某排除妨碍案的学习和对物权、不动产、相邻权、排除妨碍等概念的讲解，使学生理解什么是相邻权，应当怎样正确处理相邻关系。教育学生从小树立按照有利生产、方便生活、团结互助、公平合理的原则，正确处理用水、排水、通行、通风、采光、日照等方面的相邻关系的意识。了解给相邻方造成妨碍或者损失的，应当停止侵害，排除妨碍，还需赔偿给对方造成的损失。通过学习还需让学生了解六尺巷的传说，了解法律人物梭伦。

二、微话剧表演

1. 在导师指导下，选几位同学分张家人、吴家人、张英三组，表演六尺巷的微话剧。尽量让学生自由发挥，按自己的意愿选择故事的发展方向与台词。
2. 在导师指导下，选几位同学分宋某某一方、胡某某一方和村干部一方三组，表演宋某某与胡某某排除妨碍案的微话剧。尽量让学生自由发挥，按自己的意愿选择故事的发展方向与台词。
3. 在微话剧表演时摄制视频，用于模拟开庭前的播放。

三、讲课内容

1. 讲授物权、不动产、相邻权、排除妨碍四个概念。
2. 介绍《民法典》物权编中有关相邻权的规定。

3. 分析宋某某与胡某某排除妨碍案的法律问题。
4. 介绍六尺巷的故事及法律人物梭伦。

四、分组准备

选择六至十名学生分审判人员、原告及其代理律师、被告及其代理律师、书记员四组,分别准备宋某某与胡某某排除妨碍案的模拟一审开庭。

五、模拟法庭

导师指导学生针对本案例开模拟法庭。

六、自由辩论

导师归纳在模拟开庭和微话剧表演中的一至三个争议焦点问题,选择二至六名同学进行自由辩论。

七、分组讨论

针对以下问题组织学生分组讨论十分钟,讨论结束后每组选派一名学生向大家脱稿报告讨论结果。
假设邻居家紧挨着你家里开有两个窗户的院墙盖房子,房子一旦盖起来将完全遮挡两个窗户的光线并影响通风,你将如何处理此事?

八、导师总结

导师根据各组讨论报告进行总结并引导学生进行思考,之后综合以上全部教学内容给学生讲解诗文的释义,要求学生理解并背诵。

九、学时分配

共5学时,其中微话剧表演1学时,讲课1学时,分组准备1学时,模拟开庭与辩论1学时,分组讨论0.5学时,导师总结0.5学时。

[模拟开庭法律文书参考范本]

一、民事起诉状

民事起诉状

原告：宋某某，男，1983年3月15日出生，农民，住B县C乡D村XX号。

委托代理人赵某，某某律师事务所律师

被告：胡某某，男，1981年7月2日出生，农民，住B县C乡D村XXX号。

被告：沈某，女，1951年8月9日出生，农民，住B县C乡D村XXX号。

诉讼请求：

1. 请求判令胡某某、沈某排除妨碍，清除道路上障碍物，恢复原状（即清除被告房屋东边的砖块及拆除化粪池）。

2. 本案诉讼费由被告承担。

事实与理由：

被告胡某某与被告沈某系母子关系。被告的房屋位于原告的前面。原告轿车进出都是必经被告的东墙边的水泥路。2014年5月，被告在其东墙边堆放一排砖头，影响原告的通行。原告为了减少矛盾，没有跟被告交涉。2014年10月9日，被告又在路边堆放几堆砖头，导致原告家的轿车根本无法进出。为此，双方发生争吵，为此事报过警，经镇政府协调，被告家不愿清除路上砖头。

另外被告擅自建造化粪池，占用了原告家西南面的小路，既影响原告家通行，也影响原告家排水。原告通过自行协商，以及村委会、E工业园区社会矛盾纠纷调处均无果，为维护原告合法权益，依据《中华人民共和国民法通则》第八十三条："不动产的相邻各方，应当按照有利生产、方便生活、团结互助、公平合理的精神,正确处理截水、排水、通行、通风、采光等方面的相邻关系。给相邻方造成妨碍或者损失的,应当停止侵害,排除妨碍,赔偿损失"的规定,原告现要求两被告排除妨碍、清除道路上障碍物、恢复原状(即清除被告房屋东边的砖块及拆除化粪池)。

此致
B 县人民法院

起诉人:宋某某
二〇一四年十月二十三日

附:本起诉状副本四份

二、民事答辩状

民事答辩状

答辩人:胡某某,男,1981 年 7 月 2 日出生,农民,住 B 县 C 乡 D 村 XXX 号,现在某县某单位工作。

答辩人:沈某,女,1951 年 8 月 9 日出生,农民,住 B 县 C 乡 D 村 XXX 号。

答辩人因与宋某某排除妨害、恢复原状纠纷一案,针对原告起诉的事实与理由,答辩如下:

我们堆砌的砖块在自家的菜地上,与原告无关,不同意清除,而且原告所称的化粪池并不存在,我们并没造化粪池,而是花池,是用于发展绿化,对周围环境排水等均未造成影响,不同意拆除花池。我们堆放的砖块和建造的花池均是在我们宅基地上,没有影响到原告任何权利,所以原告的诉讼请求无事实根据,请求法院依法驳回。

此致
B 县人民法院

答辩人:沈某、胡某某
二〇一四年十月二十七日

附:本答辩状副本三份

三、原告证据清单

证据清单（原告提供）

第一组证据（共二份）

证据名称：

1. 被告堆砌砖块照片三张；
2. 被告建造化粪池照片两张。

证明目的：

证明被告堆砌的砖块及建造的化粪池影响到原告正常出行及排水。

证据来源：

原告拍摄。

第二组证据（共一份）

证据名称：

E工业园区社会矛盾纠纷调处中心于2014年10月11日出具的处理意见。

证明目的：

证明被告堆砌砖块妨害了原告的正常出行。

证据来源：

B工业园区社会矛盾纠纷调处中心出具。

四、被告证据清单

证据清单（被告提供）

第一组证据（共一份）

证据名称：

B县居民建房用地审批表一份，共2页。

证明目的：

证明被告房屋的墙东距离路还有1米的距离是宅基地。

证据来源：

B县国土局出具。

第二组证据（共一份）

证据名称：

原村书记录音以及证明一份。

证明目的：

证明农村建造楼房东西各留 1 米作为四址的面积，农村的进宅路一律为 2 米宽。

证据来源：

原村书记提供。

第三组证据（共一份）

证据名称：

东山墙现状照片两张。

证明目的：

证明砖头没有堆放在路上，是堆放在被告的宅基地上。

证据来源：

被告拍摄。

五、原告委托代理人代理词

代理词

尊敬的审判长、审判员：

　　某某律师事务所受宋某某的委托，指派本律师，担任宋某某诉讼代理人。经代理人调取案件相关证据材料，参加今天的庭审，现围绕法庭归纳的争议焦点，提出以下代理意见，供法庭参考。

　　被告胡某某、沈某系同住母子关系，原告宋某某与胡某某、沈某系邻居关系。宋某某宅在胡某某、沈某宅北。胡某某、沈某宅东弄堂里有南北向水泥路。该水泥路系宋某某自行建造，也是宋某某家进出的必经之路。

　　2012 年 2 月 3 日，A 市 C 村村干部曾就宋某某与胡某某的土地纠纷进行过调处，双方承诺维持原状，以后如有需要，双方再商量。2014 年，胡某某、沈某先靠自家东墙边堆放砖头,其后又将砖头堆放到南北向水泥路面上。2014年10月左右,胡某某、沈某又在屋后建造了七字形的水泥池。水泥池的西部占用了部分田间泥路。

上述由被告堆放的砖块和建造的化粪池已严重影响到了原告的日常出行及正常排水,损害了原告的相邻权。

2014年10月11日,经E工业园区社会矛盾纠纷调处中心工作人员及C村村干部协调,因宋某某与胡某某、沈某意见分歧较大,无法调解成功。对此,E工业园区社会矛盾纠纷调处中心于2014年10月11日出具了处理意见,处理意见载明"1.弄堂中的通道系宋某某家进出的唯一的通道,任何人不得设置障碍。随着经济发展,进出通道越宽越好,方便汽车通行,有利行人安全。2.胡某某、沈某理应自行搬走砖块,方便邻里。3.建议宋某某家拿起法律武器,起诉到人民法院,维护自己的合法权益"。为维护原告合法权利及正常生活,依据《中华人民共和国物权法》第八十四条"不动产的相邻权利人应当按照有利生产、方便生活、团结互助、公平合理的原则,正确处理相邻关系"及《中华人民共和国物权法》第八十七条"不动产权利人对相邻权利人因通行等必须利用其土地的,应当提供必要的便利"的规定,请求判令胡某某、沈某排除妨碍,清除道路上障碍物,恢复原状(即清除被告房屋东边的砖块及拆除水泥池)。

以上代理意见,请合议庭参考。谢谢!

此致
B县人民法院

代理人:赵某
二〇一四年十一月五日

六、被告委托代理人代理词

代理词

尊敬的审判长、审判员:

我依法接受胡某某、沈某的委托,担任胡某某、沈某的诉讼代理人,出庭参与诉讼活动。现就将本案争议焦点和有关法律适用问题等，发表代理意见如下：

被告堆砌的砖块在自家的菜地上，与原告无关，不同意清除，而且原告所称的化粪池并不存在，被告并没造化粪池，而是花池，是用于发展绿化，对周围环境排水等均未造成影响，不同意拆除花池。

被告家山墙东侧至少1米是其宅基地。根据物权法的规定，屋顶东最外边的垂直下沿部分以及人工构筑物墙基都属于被告所有。被告堆放砖头，一是在自己的宅基地上放置，并不对他人的通行构成妨害，二是保护山墙免受外力撞击。所以原告要求沈某、胡某某将堆放在自己宅基地上的砖头清除没有依据，被告在自己的宅基地而非通道内堆放砖头，是行使自己的权利，充分利用自己的宅基地的行为，并未阻碍宋某某的通行，也不构成对其相邻权的妨碍，而原告要求将砖头一概清除，这是无限扩大了相邻权的范围，损害了被告的合法利益。

以上代理意见，请合议庭参考。谢谢！

代理人：李某
二〇一四年十一月五日

七、判决书

B县人民法院民事判决书

（2014）B民初字第0724号

原告：宋某某，男，1983年3月15日出生，农民，住B县C乡D村XX号。

委托代理人赵某，某某律师事务所律师

被告：胡某某，男，1981年7月2日出生，农民，住B县C乡D村XXX号。

被告：沈某，女，1951年8月9日出生，农民，住B县C乡D村XXX号。

上述二位被告共同委托代理人：李某，某某律师事务所律师原告宋某某与被告胡某某、沈某排除妨害纠纷、恢复原状纠纷一案，经本院受理后，依法组成合议庭，于2014年11月5日公开开庭进行了审理。原告宋某某与委托代理人赵某，被告胡某某、沈某与委托代理人李某到庭参加诉讼，本案现已审理终结。

原告宋某某诉称，被告胡某某与被告沈某系母子关系。被告的房屋位于原告的前面。原告轿车进出都是必经被告的东墙边的水泥路。2014年5月，被告在其东墙边堆放一排砖头，影响原告的通行。原告为了减少矛盾，没有跟被告交涉。2014年10月9日，被告又在路边堆放几堆砖头，这样原告家的轿车根本无法进出。为此，双方发生争吵，为此事报过警，经镇政府协调，被告家不愿清除路上砖头。被告同时擅自建造化粪池，占用了原告家西南面的小路，既影响原告家通行，也影响原告家排水。现要求两被告排除妨碍、清除道路上障碍物、恢复原状（即清除被告房屋东边的砖块及拆除化粪池）。

被告胡某某、沈某辩称，我们堆砌的砖块在自家的菜地上，与原告无关，不同意清除，而且原告所称的化粪池并不存在，我们并没造化粪池，而是花池，是用于发展绿化，对周围环境排水等均未造成影响，不同意清除花池。我们堆放的砖块和建造的花池均是在我们宅基地上，没有影响到原告任何权利，所以原告的诉讼请求无事实根据，请求法院依法驳回。

经审理查明，被告胡某某、被告沈某系同住母子关系，原告宋某与被告沈某、胡某某系邻居关系。原告宅在两被告宅北。两被告宅东弄堂里有南北向水泥路。该水泥路系原告方自行建造，系原告宋某家进出的必经之路。2012年2月3日，D村村干部曾就原告宋某与被告胡某某的土地纠纷进行过调处，双方承诺维持原状，以后如有需要，双方再商量。2014年，两被告先靠被告家东墙边堆放砖头，其后又将砖头堆放到南北向水泥路面上。2014年10月左右，两被告又在屋后建造了七字形的水泥池。水泥池的西部占用了部分田间泥路。2014年10月11日，经E工业园区社会矛盾纠纷调处中心工作人员及D村村干部协调，因原告与两被告意见分歧较大，无法调解成功。对此，E工业园区社会矛盾纠纷调处中心于2014年10月11日出具了处理意见，处理意见载明"1.弄堂中的通道系宋某家进出的唯一的通道，任何人不得设置障碍。随着经济发展，进出通道越宽越好，方便汽车通行，有利行人安全。2.胡某某、沈某应自行搬走砖块，方便邻里。3.建议宋某家拿起法律武器，起诉到人民法院，维护自己的合法权益"。现原告将两被告诉至本院，提出如上诉讼请求。

上述事实，由原告提供的照片、E工业园区社会矛盾纠纷调处中心2014年10月11日出具的处理意见、2012年2月3日调解笔录及当事人庭审陈述等证据在卷佐证。

本院认为，不动产的相邻各方，应当按照有利生产、方便生活、团结互助、公平合理的精神，正确处理截水、排水、通行、通风、采光等方面的相邻关系。给相邻方造成妨碍或者损失的，应当停止侵害，排除妨碍，赔偿损失。原、被告系邻居关系。南北向水泥路系原告必经通道，原告的通行权应受到法律保护。综合本案证据材料，可以认定两被告放置在其房屋东墙东边及水泥场心东墙东边的砖块构成了通行妨碍，应予以清除。七字形水泥池并不构成通行、排水妨碍。综上，原告的部分诉请可予以支持，其余诉请不予支持。据此，根据《中华人民共和国民法通则》第八十三条，《中华人民共和国物权法》第八十四条、第八十七条，《中华人民共和国民事诉讼法》第一百四十四条之规定，判决如下：

一、被告胡某某、沈某于本判决生效之日起十日内将放置在两被告房屋东墙东边及水泥场心东墙东边的所有砖块予以清除。

二、驳回原告宋某某的其他诉讼请求。

三、本案诉讼费由被告承担。

如不服本判决，可在判决书送达之日起十五日内，向本院递交上诉状并按对方当事人人数提出副本，上诉于A市中级人民法院，同时根据《诉讼费用交纳办法》的有关规定，向该院预交上诉案件受理费。

审判长　秦某
审判员　赵某某
人民陪审员　李某
2015年2月25日
书记员　周某
（院印）

[法律人物]

梭伦

梭伦（公元前638—前559年），生于雅典，出身于没落的贵族家庭。梭伦是古代雅典的政治家、立法者、诗人，是古希腊七贤之一。梭伦早年经历了游历和经商生涯，他在游历中写过许多诗篇，如"作恶的人每每致富，而好人往往受穷；但是，我们不愿把我们的道德和他们的财富交换，因为道德是永远存在的，而财富每天都在更换主人"。梭伦在公元前594年出任雅典城邦的首席执政官，就任后进行了一系列的立法改革，主要有：颁布"解负令"，禁止人身奴役和买卖奴隶，废除贵族在政治上的世袭特权，鼓励富裕阶级以其财产投入工商业等。梭伦有关政治方面的立法改革，为希腊城邦政治开辟了一条"主权在民"的新路。梭伦制定的这一系列法律条文均刻在木板或石板上，镶在可转动的长方形框子里，公之于众。梭伦立法为建成一个繁荣强大的雅典准备了条件。首席执政官任满后，梭伦即放弃全部权力离开雅典去远游了。据说他到过埃及、塞浦路斯、小亚细亚等地，一路上留下不少佳话和美谈。晚年他退隐在家，从事研究和著述，死后骨灰撒在了他曾为之战斗过的美丽的萨拉米斯岛上。

第九讲 生态美

néng dī tàn　shàng jié jiǎn　　xī shēng tài　shùn zì rán
能低碳，尚节俭，惜生态，顺自然。

jié zé yú　　fén lín gēng　tiān jiāng bào　jǔ zhèng dào
竭泽渔，焚林耕，天将报，举证倒。

[诗文释义]

　　同学们要过节能低碳的生活，崇尚节俭的生活方式，珍惜和保护生态环境，在改造自然和从自然界获取资源时，一定要顺应自然而为。如果目光短浅，只图眼前利益，竭泽而渔、焚林而耕，终将遭到自然界的报复。在环境污染侵权案件中，根据《民法典》侵权责任编等法律规定，部分举证责任倒置，由污染环境一方承担。

　　注释：
　　1. 竭泽渔：即竭泽而渔，意为取完池中之水而将鱼全部打尽，比喻只顾眼前利益。
　　2. 焚林耕：即焚林而耕，意为烧毁树木取得田地用以耕种，比喻目光短浅。
　　3. 举证倒：指根据《民法典》侵权责任编等法律规定，因污染环境发生纠纷，污染者应当就法律规定的不承担责任或者减轻责任的情形及其行为与损害之间不存在因果关系承担举证责任，区别于一般情况下的"谁主张、谁举证"。

[概念解析]

1. 环境污染
2. 生态保护
3. 举证责任倒置

[法律规定]

《中华人民共和国侵权责任法》第三条　被侵权人有权请求侵权人承担侵权责任。

《中华人民共和国民法典》第一千一百六十七条　侵权行为危及他人人身、财产安全的，被侵权人有权请求侵权人承担停止侵害、排除妨碍、消除危险等侵权责任。

《中华人民共和国侵权责任法》第六十五条　因污染环境造成损害的，污染者应当承担侵权责任。

《中华人民共和国民法典》第一千二百二十九条　因污染环境、破坏生态造成他人损害的，侵权人应当承担侵权责任。

《中华人民共和国侵权责任法》第六十六条　因污染环境发生纠纷，污染者应当就法律规定的不承担责任或者减轻责任的情形及其行为与损害之间不存在因果关系承担举证责任。

《中华人民共和国民法典》第一千二百三十条　因污染环境、破坏生态发生纠纷，行为人应当就法律规定的不承担责任或者减轻责任的情形及其行为与损害之间不存在因果关系承担举证责任。

《中华人民共和国水污染防治法》第八十五条第一款　因水污染受到损害的当事人，有权要求排污方排除危害和赔偿损失。

《中华人民共和国环境保护法》第六条　一切单位和个人都有保护环境的义务。

地方各级人民政府应当对本行政区域的环境质量负责。

企业事业单位和其他生产经营者应当防止、减少环境污染和生态破坏，对所造成的损害依法承担责任。

公民应当增强环境保护意识，采取低碳、节俭的生活方式，自觉履行环境保护义务。

《中华人民共和国环境保护法》第九条　各级人民政府应当加强环境保护宣传和普及工作，鼓励基层群众性自治组织、社会组织、环境保护志愿者开展环境保护法律法规和环境保护知识的宣传，营造保护环境的良好风气。

教育行政部门、学校应当将环境保护知识纳入学校教育内容，培养学生的环境保护意识。

新闻媒体应当开展环境保护法律法规和环境保护知识的宣传，对环境违法行为进行舆论监督。

《中华人民共和国环境保护法》第三十条　开发利用自然资源，应当合理开发，保护生物多样性，保障生态安全，依法制定有关生态保护和恢复治理方案并予以实施。

引进外来物种以及研究、开发和利用生物技术，应当采取措施，防止对生物多样性的破坏。

《中华人民共和国环境保护法》第三十八条　公民应当遵守环境保护法律法规，配合实施环境保护措施，按照规定对生活废弃物进行分类放置，减少日常生活对环境造成的损害。

《中华人民共和国环境保护法》第四十九条　各级人民政府及其农业等有关部门和机构应当指导农业生产经营者科学种植和养殖，科学合理施用农药、化肥等农业投入品，科学处置农用薄膜、农作物秸秆等农业废弃物，防止农业面源污染。

禁止将不符合农用标准和环境保护标准的固体废物、废水施入农田。施用农药、化肥等农业投入品及进行灌溉，应当采取措施，防止重金属和其他有毒有害物质污染环境。

畜禽养殖场、养殖小区、定点屠宰企业等的选址、建设和管理应当符合有关法律法规规定。从事畜禽养殖和屠宰的单位和个人应当采取措施，对畜禽粪便、尸体和污水等废弃物进行科学处置，防止污染环境。

县级人民政府负责组织农村生活废弃物的处置工作。

[故事链接]

竭泽而渔

竭泽而渔是个成语,字面含义是,抽干池水,捉尽池鱼。比喻目光短浅,只顾眼前利益,不顾长远打算。出自《吕氏春秋·义赏》,原文是:"竭泽而渔,岂不获得?而明年无鱼。"关于这个成语有个历史故事:春秋时期,晋文公率军在城濮与楚国对峙,他问狐偃如何战胜强大的楚军。狐偃献计用欺骗的办法。他又问雍季如何处理,雍季说用欺骗的办法只能是竭泽而渔,无法立信和取得长久之胜,打仗还是要靠实力。晋文公用狐偃的计策打败了楚军,但在论功行赏时雍季却在狐偃之上。晋文公说:"我们怎么能认为一时之利要比百年大计重要呢?"

经典语录

我们不要陶醉于我们对自然界的胜利,对于每一次这样的胜利,自然界都报复了我们。

——〔德〕恩格斯

只有服从大自然,才能战胜大自然。

——〔英〕达尔文

大自然是善良的慈母,同时也是冷酷的屠夫。

——〔法〕雨果

不违农时,谷不可胜食也;数罟(数罟音"促古",密网之意)不入洿池(洿音"污",洿池即大池),鱼鳖不可胜食也;斧斤以时入山林,材木不可胜用也。

——《孟子·梁惠王上》

[模拟案例]

胡某甲与胡某乙水污染案

2012年，胡某甲与A县B镇C村民委员会口头达成《水库承包协议》，根据协议约定，胡某甲以每年800元的价格承包了名为水源塘的水库用于鲜鱼养殖，承包期为5年。水源塘水库位于A县B镇C村，水库水面积约为30亩，水来源为周边地域的自然降水，该水库主要用于保障水库下游农田的烤烟、水稻灌溉用水，而非专业的鱼类养殖场所。胡某乙于2007年在离该水库一公里左右的山上开办了A县B镇C生态养猪场，从事规模养殖，并为养猪场办理了个体工商户营业执照，但没有办理相关的环境影响评价手续，也没有办理相关的生产排污许可审批手续。养猪场的猪粪废渣等生产污水通过简单的沼气池沉积过滤后，排入养猪场旁边的塘冲岭水库。2013年7月，沼气池旁通向山下农田的暗渠被重新修复，沼液水沿下游的暗渠、水沟流向山下的农田，暗渠、水沟两侧有鞭炮厂、花炮厂，水沟连接农田的途中，有一分岔渠道直接连通水源塘水库。2013年12月31日，胡某乙与A县B镇C村民委员会签订协议，双方约定，胡某乙将养猪场生产的沼液承包给村民用于600亩稻田、烟田灌溉，村委会每年向胡某乙支付12000元。

2014年4月，当地村民为了让水源塘水库储水确保农业灌溉的需求，将直接排入农田的水截断，转道将水引入水源塘水库。2014年4月至6月期间，天降大雨时，养猪场的沼液满塘后沿暗渠、水沟流入水源塘水库，致使该水库水体呈暗色。2014年6月22日，水源塘水库养殖的鱼类出现大面积的翻塘死亡，死鱼的种类主要系经济类的鲢鱼、草鱼、鲤鱼、鳙鱼、鲫鱼、青鱼。胡某甲在死鱼事件发生后的当晚，从养猪场旁边的塘冲岭水库引清水注入水源塘水库，以净化水源塘水库的水质，并于次日在水源塘水库泼洒增氧剂和跳水博士,但并没有缓解死鱼的现象,胡某甲遂先后向A县B镇政府、A县畜牧兽医水产局和环保部门进行反映投诉。A县畜牧兽医水产局、A县环保部门在接到投诉后,先后派人到现场进行勘察调查,查看死鱼现状。A县畜牧兽医水产局工作人员于2014年6月24日勘验现场时,当场用pH测试仪对水源塘水库的水质进行了采样和检测,确认水源塘水库中的水质pH过高,并于2014年7月1日作出《B镇C村水源塘水库死鱼事故调查报告》,载明:水库内的鱼不分品种,不分大小(0.1—6公斤)都有死亡,据了解死亡率达90%以上;死亡的鱼包括草鱼、鲢鱼、鳙鱼、鲤鱼、青鱼、鲫鱼;水库中未安装增氧机和投饵机,水质恶化、富营养化是导致死鱼的原因。A县环境监察大队于2014年6月27日对水源塘水库和养猪场排水的水质进行了抽样,并委托A县环境监测站作出检测报告,该报告显示:胡某乙所经营的养殖场所排放废水中的pH正常,但氨氮、总磷、CODcr等污染物指标严重超标,水源塘水库中水质中的总磷、CODcr不符合养殖标准。

2014年2月至4月期间,胡某甲曾从胡某乙的养殖场购买了大约38担猪粪,未对猪粪进行加工,直接作为饵料投放到水源塘水库。A县畜牧水产部门和B镇C村委会在事故发生后,曾就死鱼赔偿事宜组织双方进行调处,但因争议较大未能调解成功,后胡某甲将胡某乙诉至法院要求赔偿。

法院推定胡某乙排放污水的行为与胡某甲水库死鱼之间存在因果关系,认为胡某乙应对胡某甲财产损失承担主要责任。胡某甲前期自行投放猪粪喂鱼行为以及缺乏专业养鱼经验,疏于管理,发现胡某乙猪场的污水排入水源塘水库后,未及时将污染水源切断,放任污染行为,导致水质日渐恶化,对损害后果应承担次要责任。最终判决胡某乙按60%的比例承担此次污染事件的侵权责任,赔偿原告胡某甲经济损失24000元。

模法师导师教学指引

一、教学目的

通过对胡某甲与胡某乙水污染案的学习和对环境污染、生态保护、污染环境侵权、举证责任倒置等概念的讲解，使学生理解什么是环境保护，什么是生态保护，什么是污染环境侵权，什么是举证责任倒置。教育学生从小树立环境和生态保护的意识，明白不能只图眼前利益而破坏生态环境的道理。了解成语故事竭泽而渔，了解污染环境侵权案件中举证责任倒置的规定。通过学习还需让学生了解中国战国时期的立法者李悝。

二、微话剧表演

1. 在导师指导下，选几位同学分组，表演竭泽而渔的微话剧。尽量让学生自由发挥，按自己的意愿选择故事的发展方向与台词。
2. 在导师指导下，选几位同学分组，表演胡某甲与胡某乙水污染案的微话剧。尽量让学生自由发挥，按自己的意愿选择故事的发展方向与台词。
3. 在微话剧表演时摄制视频，用于模拟开庭前的播放。

三、讲课内容

1. 讲授环境污染、生态保护、污染环境侵权和举证责任倒置四个概念。
2. 介绍关于《中华人民共和国环境保护法》、《中华人民共和国水污染防治法》、《民法典》侵权责任编等生态环境保护方面的法律规定。
3. 分析胡某甲与胡某乙水污染案的法律问题并综合讲解环境损害可能带来的民事责任、行政责任与刑事责任。
4. 分析环境污染与生态破坏的关系。
5. 介绍竭泽而渔的成语故事。

四。分组准备

选择六至十名学生分审判人员、原告及其代理律师、被告及其代理律师、书记员四组，分别准备胡某甲与胡某乙水污染案的模拟一审开庭。

五。模拟法庭

导师指导学生针对本案例开模拟法庭。

六。自由辩论

导师归纳在模拟开庭和微话剧表演中的一至三个争议焦点问题，选择二至六名同学进行自由辩论。

七。分组讨论

针对以下问题组织学生分组讨论十分钟，讨论结束后每组选派一名学生向大家脱稿报告讨论结果。

1. 如果你是开办养猪场的胡某乙，你会怎样做来保护环境，避免破坏环境和侵害他人权益？
2. 根据你的日常生活，谈谈在哪些方面可加以改进以保护我们的大自然？

八。导师总结

导师根据各组讨论报告进行总结并引导学生进行思考，之后综合以上全部教学内容给学生讲解诗文的释义，要求学生理解并背诵。

九。学时分配

共5学时，其中微话剧表演1学时，讲课1学时，分组准备1学时，模拟开庭与辩论1学时，分组讨论0.5学时，导师总结0.5学时。

[模拟开庭法律文书参考范本]

一、民事起诉状

民事起诉状

原告：胡某甲，男，1983年5月15日出生，农民，住A县B镇C村XX号。

委托代理人赵某，某某律师事务所律师

被告：胡某乙，男，1980年7月1日出生，住A县B镇C村XX号，个体工商户。

委托代理人李某，某某律师事务所律师

诉讼请求：

1. 请求法院判令被告赔偿原告经济损失40000元。
2. 请求法院判令被告将原告鱼塘恢复原状。
3. 本案诉讼费由被告承担。

事实与理由：

2012年，原告与A县B镇C村民委员会口头达成《水库承包协议》，根据协议约定，原告以每年800元的价格承包了名为水源塘的水库用于鲜鱼养殖，承包期为5年。水源塘水库位于A县B镇C村，水库水面积约为30亩。被告胡某乙于2007年在离该水库一公里左右的山上开办了A县B镇C生态养猪场，从事规模养殖，并为养猪场办理了个体工商户营业执照，但没有办理相关的环境影响评价手续，也没有办理相关的生产排污许可审批手续。养猪场的猪粪废渣等生产污水通过简单的沼气池沉积过滤后，排入养猪场旁边的塘冲岭水库。

2014年4月至6月期间，天降大雨时，养猪场的沼液满塘后沿暗渠、水沟流入水源塘水库，致使该水库水体呈暗色。2014年6月22日，水源塘水库养殖的鱼类出现大面积的翻塘死亡，死鱼的种类主要系经济类的鲢鱼、草鱼、鲤鱼、鳙鱼、鲫鱼、青鱼。原告在死鱼事件发生后的当晚，从养猪场旁边的塘冲岭水库引清水注入水源塘水库，以净化水源塘水库的水质，并于次日在水源塘水库泼洒增氧剂和跳水博士，但并没有缓解死鱼的现象，后经过调查显示：被告胡某乙所经营的养殖场所排放废水中氨氮、总磷、CODcr等污染物指标严重超标，造成水源塘水库中水质中的总磷、CODcr不符合养殖标准。

现依据《中华人民共和国侵权责任法》第六十五条"因污染环境造成损害的，污染者应当承担侵权责任"的规定向法院提起诉讼，请求法院判令因被告违规排放废水而导致原告承包鱼塘中鱼死亡的损失40000元，并将鱼塘恢复原状，维护原告的合法权益。

此致
A县人民法院

起诉人：胡某甲

二〇一五年一月十八日

附：本起诉状副本二份

二、民事答辩状

民事答辩状

答辩人：胡某乙，男，1980年7月1日出生，住A县B镇C村XX号，个体工商户。

答辩人因与胡某甲水污染责任纠纷一案，针对原告起诉的事实与理由，答辩如下：

答辩人没有排放污染物，与胡某甲承包的水源塘水库死鱼的损害结果之间不具有关联性,不存在必然的因果关系,不应当承担侵权责任,而且胡某甲没有任何事实证据证明是答辩人排放了污染物,并与其承包的水源塘水库死鱼损害结果之间具有关联性。

2014年6月22日至24日胡某甲水源塘水库死鱼系胡某甲用猪粪喂鱼,还是2014年4月至6月天降大雨山间水污染所致,或是因为猪场的沼液池的污物流入水库所致都没有证据证明。

胡某甲所要求赔偿的损失数额缺乏事实依据,恢复原状的请求不符合客观实际,请求法院依法驳回胡某甲的诉讼请求。

此致
A县人民法院

答辩人:胡某乙

二〇一五年一月二十三日

附:本答辩状副本二份

三、原告证据清单

证据清单(原告提供)

第一组证据(共一份)

证据名称:
《B镇C村水源塘水库死鱼事故调查报告》一份,共4页。

证明目的:
证明原告水库中鱼类死亡率及死亡原因。

证据来源:
A县畜牧兽医水产局出具。

第二组证据(共一份)

证据名称：

检测报告一份，共2页。

证明目的：

证明被告养殖场排放废水中的氨氮、总磷、CODcr等污染物指标严重超标，且所含污染物的种类与水源塘水库中所检测的污染物种类相近。

证据来源：

A县环境监测站。

第三组证据（共一份）

证据名称：

水库容积、水库鱼类产量记录一份，共3页。

证明目的：

证明原告因此次损失40000元。

证据来源：

原告留存文件。

四、被告证据清单

证据清单（被告提供）
第一组证据（共一份）

证据名称：

《关于水源塘水库灌溉、养鱼情况的说明》一份，共5页。

证明目的：

证明原告水源塘水库已是病库，水库水面积约为12亩；养鱼的年收入约8000元；死鱼原因系原告到塘冲岭水库引水所致。

证据来源：

A县B镇C村村民委员会出具。

第二组证据（共一份）

证据名称：

《证明》一份，共1页。

证明目的：

证明原告水源塘水库属病库，水库水位一般只能储到低于距泄洪道2—3米高。

证据来源：

B镇水利管理站出具。

五、原告委托代理人代理词

代理词

尊敬的审判长、审判员：

  某某律师事务所受胡某甲的委托，指派本律师，担任胡某甲诉讼代理人。经代理人调取案件相关证据材料，参加今天的庭审，现围绕法庭归纳的争议焦点，提出以下代理意见，供法庭参考。

  2012年，原告与A县B镇C村民委员会口头达成《水库承包协议》，根据协议约定，原告以每年800元的价格承包了名为水源塘的水库用于鲜鱼养殖，承包期为5年。水源塘水库位于A县B镇C村，水库水面积约为30亩。胡某乙在离该水库一公里左右的山上开办了A县B镇C生态养猪场，从事规模养殖，并为养猪场办理了个体工商户营业执照，但没有办理相关的环境影响评价手续，也没有办理相关的生产排污许可审批手续。养猪场的猪粪废渣等生产污水通过简单的沼气池沉积过滤后，排入养猪场旁边的塘冲岭水库。2013年7月，沼气池旁通向山下农田的暗渠被重新修复，沼液水沿下游的暗渠、水沟流向山下的农田，暗渠、水沟两侧有鞭炮厂、花炮厂，水沟连接农田的途中，有一分岔渠道直接连通水源塘水库。

  2014年4月至6月期间，天降大雨时，养猪场的沼液满塘后沿暗渠、水沟流入水源塘水库，致使该水库水体呈暗色。2014年6月22日，水源塘水库养殖的鱼类出现大面积的翻塘死亡，死鱼的种类主要系经济类的鲢鱼、草鱼、鲤鱼、鳙鱼、鲫鱼、青鱼。根据当时的水库有效水面面积（约30亩）、死鱼的比例，并参照A县鱼类养殖的平均亩产量300斤的标准，原告损失的死鱼数额为8000斤，参照当时此类鲜鱼的岸边批发价格（约5元/斤），确定给原告带来了40000元的直接损失。根据《B镇C村水源塘水库死鱼事故调查报告》检测报告证实，水库中的污染物与养殖场排出污水中的污染物成分相类似。

根据《中华人民共和国侵权责任法》第三条："被侵权人有权请求侵权人承担侵权责任"、《中华人民共和国侵权责任法》第六十五条："因污染环境造成损害的，污染者应当承担侵权责任"及《中华人民共和国水污染防治法》第八十五条第一款："因水污染受到损害的当事人，有权要求排污方排除危害和赔偿损失"的规定，原告有权向被告主张因被告侵权导致的损失。

以上代理意见，请合议庭参考。谢谢！

代理人：赵某
二〇一五年一月三十日

六、被告委托代理人代理词

代理词

尊敬的审判长、审判员：

某某律师事务所接受胡某乙的委托，指派本律师担任胡某乙的诉讼代理人，出庭参与诉讼活动。现就将本案争议焦点和有关法律适用问题等，发表代理意见如下：

被告人没有向原告水库中排放污染物，与胡某甲承包的水源塘水库死鱼的损害结果之间不具有关联性，不存在必然的因果关系，不应当承担侵权责任。胡某甲也没有任何事实证据证明是被告人排放了污染物，而导致其承包的水源塘水库中鱼类的死亡，并且2014年2月至4月期间，胡某甲曾从被告的养殖场购买了大约38担猪粪，未对猪粪进行加工，直接作为饵料投放到水源塘水库，这一不规范的养殖行为也可以导致水库中鱼类的死亡，并使得水库中检测出与原告养殖场沼气池相类似的污染物。

该水库水来源为周边地域的自然降水，水库主要用于保障水库下游农田的烤烟、水稻灌溉用水，而非专业的鱼类养殖场所，并且被告与村委会早已约定胡某乙将养猪场生产的沼液承包给村民用于600亩稻田、烟田灌溉，并由村委会每年向胡某乙支付12000元，对于此情况原告是明知的，所以水源塘水库死鱼是由于胡某甲缺乏养鱼技术，自行往水库中投放猪粪，且自己未能尽到注意义务，加之水库附近还有花炮厂、鞭炮厂污染源等各方面原因造成的，与被告养殖场并无关系。

以上代理意见，请合议庭参考。谢谢！

代理人：李某

二〇一五年一月三十日

七、判决书

A县人民法院民事判决书

（2015）A民初字第004号

原告：胡某甲，男，1983年5月15日出生，农民，住A县B镇C村XX号。

委托代理人赵某，某某律师事务所律师

被告：胡某乙，男，1980年7月1日出生，住A县B镇C村XX号，个体工商户。

委托代理人李某，某某律师事务所律师

原告胡某甲与被告胡某乙水污染责任纠纷一案，经本院受理后，依法组成合议庭，于2015年1月30日公开开庭进行了审理。原告胡某甲、委托代理人赵某，被告胡某乙、委托代理人李某到庭参加诉讼，本案现已审理终结。

原告胡某甲诉称，2012年，其与A县B镇C村民委员会口头达成水库承包协议，根据协议约定，原告以每年800元的价格承包了名为水源塘的水库用于鲜鱼养殖，承包期为5年。水源塘水库位于A县B镇C村，水库水面积约为30亩。被告胡某乙于2007年在离该水库一公里左右的山上开办了A县B镇C生态养猪场，从事规模养殖，并为养猪场办理了个体工商户营业执照，但没有办理相关的环境影响评价手续，也没有办理相关的生产排污许可审批手续。养猪场的猪粪废渣等生产污水通过简单的沼气池沉积过滤后，排入养猪场旁边的塘冲岭水库。

2014年4月至6月期间，天降大雨时，养猪场的沼液满塘后沿暗渠、水沟流入水源塘水库，致使该水库水体呈暗色。2014年6月22日，水源塘水库养殖的鱼类出现大面积的翻塘死亡，死鱼的种类主要系经济类的鲢鱼、草鱼、鲤鱼、鳙鱼、鲫鱼、青鱼。原告在死鱼事件发生后的当晚，从养猪场旁边的塘冲岭水库引清水注入水源塘水库，以净化水源塘水库的水质，并于次日在水源塘水库泼洒增氧剂和跳水博士，但并没有缓解死鱼的现象，后经过调查显示：被告胡某乙所经营的养殖场所排放废水中氨氮、总磷、CODcr等污染物指标严重超标，造成水源塘水库中水质中的总磷、CODcr不符合养殖标准。因此依据《中华人民共和国侵权责任法》第六十五条："因污染环境造成损害的，污染者应当承担侵权责任"的规定向法院提起诉讼，要求被告赔偿其承包鱼塘中鱼死亡的损失40000元。

被告胡某乙辩称，其没有向原告水库中排放污染物，与胡某甲承包的水源塘水库死鱼的损害结果之间不具有关联性，不存在必然的因果关系，不应当承担侵权责任。胡某甲也没有任何事实证据证明是被告人排放了污染物，而导致其承包的水源塘水库中鱼类的死亡，并且2014年2月至4月期间，胡某甲曾从被告的养殖场购买了大约38担猪粪，未对猪粪进行加工，直接作为饵料投放到水源塘水库，这一不规范的养殖行为也可以导致水库中鱼类的死亡，并使得水库中检测出与原告养殖场沼气池相类似的污染物。

该水库水来源为周边地域的自然降水，该水库主要用于保障水库下游农田的烤烟、水稻灌溉用水，而非专业的鱼类养殖场所，而且被告与村委会早已约定胡某乙将养猪场生产的沼液承包给村民用于600亩稻田、烟田灌溉，并由村委会每年向胡某乙支付12000元，对于此情况原告是明知的，所以水源塘水库死鱼是由于胡某甲缺乏养鱼技术，自行往水库中投放猪粪，且自己未能尽到注意义务，加之水库附近还有花炮厂、鞭炮厂污染源等各方面原因造成的，与被告养殖场并无关系。

经审理查明，2012年，胡某甲与A县B镇C村民委员会口头达成水库承包协议，根据协议约定，胡某甲以每年800元的价格承包了名为水源塘的水库用于鲜鱼养殖，承包期为5年。水源塘水库位于A县B镇C村，水库水面积约为30亩，水来源为周边地域的自然降水，该水库主要用于保障水库下游农田的烤烟、水稻灌溉用水，而非专业的鱼类养殖场所。

胡某乙于2007年在离该水库一公里左右的山上开办了A县B镇东冲生态养猪场，从事生猪规模养殖，并为养猪场办理了个体工商户营业执照，但没有办理相关的环境影响评价手续，也没有办理相关的生产排污许可审批手续。养猪场的猪粪废渣等生产污水通过简单的沼气池沉积过滤后，排入养猪场旁边的塘冲岭水库。

2013年7月，沼气池旁通向山下农田的暗渠被重新修复，沼液水沿下游的暗渠、水沟流向山下的农田，暗渠、水沟两侧有鞭炮厂、花炮厂，水沟连接农田的途中，有一分岔渠道直接连通水源塘水库。2013年12月31日，胡某乙与A县B镇东C村民委员会签订协议，双方约定，胡某乙将养猪场生产的沼液承包给村民用于600亩稻田、烟田灌溉，村委会每年向胡某乙支付12000元。2014年4月，当地村民为了让水源塘水库储水确保农业灌溉的需求，将直接排入农田的水截断，转道将水引入水源塘水库。

2014年4月至6月期间，天降大雨时，养猪场的沼液满塘后沿暗渠、水沟流入水源塘水库，致使该水库水体呈暗色。2014年6月22日，水源塘水库养殖的鱼类出现大面积的翻塘死亡，死鱼的种类主要系经济类的鲢鱼、草鱼、鲤鱼、鳙鱼、鲫鱼、青鱼。胡某甲在死鱼事件发生后的当晚，从养猪场旁边的塘冲岭水库引清水注入水源塘水库，以净化水源塘水库的水质，并于次日在水源塘水库泼洒增氧剂和跳水博士，但并没有缓解死鱼的现象，胡某甲遂先后向 A 县 B 镇政府、A 县畜牧兽医水产局和环保部门进行反映投诉。A 县畜牧兽医水产局、A 县环保部门在接到投诉后，先后派人到现场进行勘察调查，查看死鱼现状。A 县畜牧兽医水产局工作人员于 2014 年 6 月 24 日勘验现场时，当场用 pH 测试仪对水源塘水库的水质进行了采样和检测，确认水源塘水库中的水质 pH 过高，并于 2013 年 7 月 1 日作出《B 镇 C 村水源塘水库死鱼事故调查报告》，载明：水库内的鱼不分品种，不分大小（0.1—6 公斤）都有死亡，据了解死亡率达 90% 以上；死亡的鱼包括草鱼、鲢鱼、鳙鱼、鲤鱼、青鱼、鲫鱼；水库中未安装增氧机和投饵机，水质恶化、富营养化是导致死鱼的原因。永兴 A 县环境监察大队于 2014 年 6 月 27 日对水源塘水库和养猪场排水的水质进行了抽样，并委托 A 县环境监测站作出检测报告，该报告显示：胡某乙所经营的养殖场所排放废水中的 pH 正常，但氨氮、总磷、CODcr 等污染物指标严重超标，水源塘水库中水质中的总磷、CODcr 不符合养殖标准。

另查明，2014 年 2 月至 4 月期间，胡某甲从胡某乙的养殖场购买了大约 38 担猪粪，未对猪粪进行加工，直接作为饵料投放到水源塘水库。A 县畜牧水产部门和 B 镇 C 村委会在事故发生后，曾就死鱼赔偿事宜组织双方进行调处，但因争议较大未能调解成功。本院经咨询有关部门，A 县地区非专业水库所饲养的经济类鲜鱼产量平均约为每亩 300 斤，A 县地区在 2014 年活鲜鱼（草鱼、鲢鱼、鳙鱼、鲤鱼、草鱼等）的岸边批发价格约为 5 元/斤。

诉讼中，本院向胡某甲释明，不能排除其他主体应当承担本案的侵权责任，根据《中华人民共和国侵权责任法》第六十八条的规定，"因第三人的过错污染环境造成损害的，被侵权人可以向污染者请求赔偿，也可以向第三人请求赔偿。"经释明相关法律规定后，胡某甲仍坚持不申请追加被告。

本院认为，水源塘死鱼的原因确有多方因素参与，其中包括胡某甲不恰当地往水库中投放猪粪和胡某甲作为鱼类养殖者缺乏必要的防范意识，甚至可能包括周边其他的固体污染物经雨水冲刷流入水库。但是上述因素在水源塘水库死鱼事件中的参与，并不能否认胡某乙长达 2 个月持续对水库的排污行为是本次事故发生的主要原因。

  主要理由如下：1.胡某乙开办的生猪养殖场未办理相关的环境影响评价手续，也没有办理相关的生产排污许可审批手续；2.养猪场排出的猪粪渣水等生产污水均通过简单的沼气池沉积过滤后，经暗渠、水沟排放到位于下游地的水源塘水库，致使水库水体受到污染；3.A县环境监测站出具的水质检测报告显示养猪场排出的污水中总磷、CODcr严重超标，不符合环保标准，且其所产生的废水所含污染物的种类与水源塘水库中所检测的污染物种类相近；4.水源塘水库水体呈暗色，与正常水库水质颜色差异明显，其受到养猪场排粪污染的可能性较大。根据《侵权责任法》第六十六条规定："因污染环境发生纠纷，污染者应当就法律规定的不承担责任或者减轻责任的情形及其行为与损害后果之间不存在因果关系承担举证责任。"胡某乙未提供证据证明其排放的污水已经达标，或者其排放污水的行为与水源塘水库水质受污染的事实不存在因果关系的情形，故胡某乙应当承担举证不能的法律后果。虽然将污染水流改变方向引入水源塘水库系村中农户所为，但根据《侵权责任法》第六十八条规定："因第三人的过错污染环境造成损害的，被侵权人可以向污染者请求赔偿，也可以向第三人请求赔偿。环境污染责任中的第三人过错，不免除污染者的赔偿责任。"然而，考虑到胡某甲作为鱼类养殖者疏于管理和缺乏必要的警觉，发现污水排入水源塘水库后，不及时将污染水源切断，放任污染行为持续两个月，并且之前又自行往水库中投放猪粪，导致水质日渐恶化，富营养化。综合上述各项原因，本院根据公平原则，酌情确认由被告按60%的比例承担此次污染事件的侵权责任。

  双方对池塘死鱼一事并无异议，但对死鱼数量的确认有争议。胡某甲需承担环境污染对自己造成多少损失的举证责任，在死鱼情况发生后，胡某甲立即向畜牧水产部门和环保部门报告，A县畜牧兽医水产局和环保部门对现场进行了勘验，A县畜牧兽医水产局证实水库中的鱼死亡率达90%以上，考虑到农村养殖户的文化水平、法律素养、污染的严重性和处理问题的急迫性等因素，可以认定胡某甲已经尽到了自己的举证义务。在综合A县畜牧兽医水产局出具的调查报告中有关死鱼现场的描述、事发后众多照片展示大量死鱼的客观事实和双方当事人各自陈述，根据当时的水库有效水面面积（约30亩）、死鱼的比例，并参照A县鱼类养殖的平均亩产量300斤的标准，本院确认本案污染事件所造成的死鱼数额为8000斤。由此，参照当时此类鲜鱼的岸边批发价格（约5元／斤），确定胡某甲的直接损失额为40000元。

综上所述，对于胡某甲因本案污染事件所造成的损失，应由胡某乙按60％的比例承担赔偿责任，即应赔偿胡某甲24000元（40000元×60％）。对于胡某甲诉请恢复原状的请求，因胡某甲未能提供水源塘水库水质在受被告排污侵权前的原状标准，而根据环境保护常识，只要采取外排库水，不再往水库排污，水库现有的水质环境通过自身净化以及雨水的注入，可以恢复到正常标准，故本院对原告该项请求，不予支持。据此，依照《中华人民共和国民法通则》第四条，《中华人民共和国侵权责任法》第三条、第十五条、第六十五条、第六十六条、第六十八条，《中华人民共和国水污染防治法》第八十五条第一款、第八十七条和《中华人民共和国民事诉讼法》第六十四条第一款及《最高人民法院关于民事诉讼证据的若干规定》第二条、第四条之规定，判决如下：

一、被告胡某乙应于本判决生效之日起十日内赔偿原告胡某甲经济损失24000元；

二、驳回原告胡某甲的其他诉讼请求。

若未按本判决指定的期间履行给付义务，应当依照《中华人民共和国民事诉讼法》第二百五十三条之规定，加倍支付迟延履行期间的债务利息。案件受理费2062元，由原告胡某甲负担1515元，被告胡某乙负担547元。

如不服本判决，可在判决书送达之日起十五日内向本院递交上诉状，并按对方当事人的人数提出副本，上诉于D市中级人民法院。

审判长　袁某

审判员　刘某

人民陪审员　吴某

二〇一五年二月十日

书记员　王某

（院印）

[法律人物]

李悝

　　李悝（公元前455—前395年），魏都安邑（今山西夏县）人，战国时期的政治家，法家学派的重要代表人物。李悝曾任魏文侯相，主持变法。他在经济上鼓励农民精耕细作，增加产量，国家在丰年以平价购买余粮，荒年以平价售出，以平抑粮价；政治上实行法治，使魏国成为战国初期的强国。李悝总结了春秋末期以来各诸侯国立法的经验，结合魏国的具体情况，编订了中国历史上第一部比较完整的法典《法经》，标志着中国古代的立法技术开始走向成熟，对后来的《秦律》和《汉律》都产生了非常重要的影响，但遗憾的是，《法经》已经失传了。

第十讲 行政效

shēn shòu líng　cái shòu qīn　guì lěng jìng　zhī bào jǐng
身受凌，财受侵，贵冷静，知报警。

xíng zhèng dài　sù sòng bài　jiù jì kuài　quán lì lái
行政怠，诉讼败。救济快，权利来。

[诗文释义]

　　自己或亲人的人身受到侵犯或财产受到侵害，最可贵的品质是让自己冷静下来，只有冷静而不慌乱才能找到正确、有效的应对方法。同时一定要知晓报警的方式、时机和技巧。如果公安机关接到申请后，怠于履行保护人身权、财产权等合法权益的法定职责，申请人可向法院提起行政诉讼，行政机关将承担败诉责任。"无救济则无权利"，只有及时、有效给权利受损之人以救济，权利的作用才能真正到来，权利的设定才真正有意义。

注释：
1. 凌：侵犯、侵害。
2. 知报警：知晓报警的方式、时机和技巧。
3. 怠：懒惰、松懈、不作为。

[概念解析]

1. 行政机关法定职责
2. 行政不作为
3. 行政诉讼
4. 第三人
5. 治安管理处罚

[法律规定]

《中华人民共和国行政诉讼法》第十二条第一款　人民法院受理公民、法人或者其他组织提起的下列诉讼：……（六）申请行政机关履行保护人身权、财产权等合法权益的法定职责，行政机关拒绝履行或者不予答复的；……。

《中华人民共和国治安管理处罚法》第二条　扰乱公共秩序，妨害公共安全，侵犯人身权利、财产权利，妨害社会管理，具有社会危害性，依照《中华人民共和国刑法》的规定构成犯罪的，依法追究刑事责任；尚不够刑事处罚的，由公安机关依照本法给予治安管理处罚。

《人民警察法》第二十一条第一款　人民警察遇到公民人身、财产安全受到侵犯或者处于其他危难情形，应当立即救助；对公民提出解决纠纷的要求，应当给予帮助；对公民的报警案件，应当及时查处。

[故事链接]

"强项令"的故事

东汉时有个叫董宣的人，被特例征召为洛阳县令。当时汉光武帝刘秀的姐姐湖阳公主的家奴白天杀了人，于是藏匿在公主家里，官吏无法抓捕。等到公主出门，这个家奴陪乘，董宣在万寿亭等候，拦住公主的车马，用刀圈地，呵斥家奴下车并将其打死。公主立即回到宫里向光武帝告状。光武帝极为愤怒，召来董宣，要用鞭子打死他。董宣磕头说："希望乞求说一句话再死。"光武帝说："想说什么话？"董宣说："皇上您因德行圣明而中兴复国，却放纵家奴杀害百姓，将来拿什么来治理天下呢？臣下我不需要鞭子打，请求能够自杀。"当即用脑袋去撞击柱子，顿时血流满面。光武帝命令宦官扶着董宣，让他向公主磕头谢罪，董宣不答应，光武帝命宦官强迫他磕头，董宣两手撑地，终究不肯就范。最终光武帝下令放了董宣，不但没有责罚他，反而赏赐了他三十万钱。董宣把它全部分给手下众官吏。因他梗着脖子拒不向公主磕头谢罪，于是得了个"强项令"的名字。从此董宣打击依仗权势横行不法之人时，违法者没有不害怕的。

经典语录

无救济即无权利。

——法谚

一次不公的裁判比多次不平的举动为祸尤烈。因为这些不平的举动不过弄脏了水流，而不公的裁判则把水源败坏了。

——〔英〕培根

赏不劝谓之止善，罚不惩谓之纵恶。

——〔东汉〕荀悦

[模拟案例]

张某甲诉 C 县公安局
不履行保护财产法定职责案

张某甲的岳父母与第三人张某乙系儿女亲家关系，2014 年 8 月 11 日上午，张某甲驾驶其所有的鲁 AWA*75 号车拉载其岳母去第三人张某乙处，第三人张某乙因故将原告的车辆扣留并将该车车轮卸掉两个。张某甲或他人此后便多次打电话报警或通过 12345 热线报警，被告 C 县公安局接到报警后遂派员前往警情发生地，对案情进行了解，后告知原告张某甲，案件属家庭矛盾纠纷，可以通过向人民法院提起诉讼的方式解决纠纷，但未就第三人扣留原告车辆并将两个车轮卸掉的行为性质作出认定及处理。张某甲对 C 县公安局的处理不服，遂诉至法院。

法院经审理认为，公安机关负有保护公民财产权的法定职责。本案中，鲁 AWA*75 号车的所有权人为原告张某甲，原告的岳父母和第三人张某乙因其他原因而产生家庭纠纷，第三人应采取合理合法的方式解决，本案原告与第三人间并无矛盾纠纷，但第三人却将本案原告的车辆予以扣留，原告要求被告对原告的报警进行处理，被告以该纠纷属家庭矛盾纠纷不予处理，属认定事实不清，法律依据不足。判决限被告 C 县公安局于本判决生效后，在法定期限内依法对原告张某甲的报案作出处理。

模法师导师教学指引

一、教学目的

通过对张某甲诉 C 县公安局不履行保护财产法定职责案的学习和对行政机关法定职责、行政不作为、行政诉讼、第三人、治安管理处罚等概念的讲解，使学生理解什么是行政不作为，什么是行政诉讼。教育学生知晓如何通过行政机关保护自己的合法权益，了解报警的方式、时机和技巧，了解行政机关如果拒不履行法定职责，可通过什么方式另行救济权利。

二、微话剧表演

1. 在导师指导下，选几位同学表演"强项令"的故事微话剧。尽量让学生自由发挥，按自己的意愿选择故事的发展方向与台词。
2. 在导师指导下，选几位同学分组，表演张某甲诉 C 县公安局不履行保护财产法定职责案的微话剧。尽量让学生自由发挥，按自己的意愿选择故事的发展方向与台词。
3. 在微话剧表演时摄制视频，用于模拟开庭前的播放。

三、讲课内容

1. 讲授行政机关法定职责、行政不作为、行政诉讼、第三人、治安管理处罚五个概念。
2. 介绍《中华人民共和国行政诉讼法》《中华人民共和国治安管理处罚法》《中华人民共和国人民警察法》的相关规定。
3. 分析张某甲诉 C 县公安局不履行保护财产法定职责案的法律问题，同时综合讲解报警的方式、时机和技巧。
4. 介绍"强项令"的故事。

四、分组准备

选择六至十名学生分审判人员、原告及其代理律师、被告及其代理律师、书记员四组，分别准备张某甲诉 C 县公安局不履行保护财产法定职责案的模拟一审开庭。

五、模拟法庭

导师指导学生针对本案例开模拟法庭。

六、自由辩论

导师归纳在模拟开庭和微话剧表演中的一至三个争议焦点问题，选择二至六名同学进行自由辩论。

七、分组讨论

针对以下问题组织学生分组讨论十分钟，讨论结束后每组选派一名学生向大家脱稿报告讨论结果。
1. 通过学习，谈谈你对报警的方式、时机和技巧有哪些掌握。
2. 除了公安机关可以保护我们的权利外，还有哪些行政机关在保护着我们的权利？

八、导师总结

导师根据各组讨论报告进行总结并引导学生进行思考，之后综合以上全部教学内容给学生讲解诗文的释义，要求学生理解并背诵。

九、学时分配

共 5 学时，其中微话剧表演 1 学时，讲课 1 学时，分组准备 1 学时，模拟开庭与辩论 1 学时，分组讨论 0.5 学时，导师总结 0.5 学时。

[模拟开庭法律文书参考范本]

一、行政起诉状

行政起诉状

原告：张某甲，男，1986年10月1日出生，汉族，住C县XX路XX号，E公司员工。

委托代理人赵某，某某律师事务所律师。

被告：C县公安局，住所地C县XXX路XX号。

法定代表人张某，该局局长。

委托代理人夏某，C县公安局工作人员。

委托代理人李某，某某律师事务所律师。

第三人张某乙，男，1969年1月16日出生，汉族，住C县XX路XXX号，无业。

委托代理人贾某，男，1966年9月18日出生，汉族，住C县，B公司员工。

诉讼请求：

1. 请求依法判令被告履行保护原告财产权的法定职责。

2. 本案诉讼费由被告承担。

事实与理由：

2014年8月11日上午8时许，原告驾驶本人所有的鲁AWA*75号小型车，载着赵某某、吕某某等人去第三人处，协商处理赵某某的家庭事务纠纷。9时许，原告欲驾车返回，不料第三人关上大门，强行将原告的车辆扣留于第三人院内。原告的弟弟打电话报警，被告下属的榆山第二派出所处警后，第三人仍拒不放车，但被告的工作人员却以扣车是因家庭纠纷引起、公安机关无权处理为由撤离现场。

随后第三人将原告车辆的车轮卸掉，原告得知后又向被告报警，但被告一直未对第三人的违法行为予以制止。被告的行为，严重违反了《治安管理处罚法》的规定，请求依法判令被告履行保护原告财产权的法定职责，并由其承担本案诉讼费。

此致
C县人民法院

起诉人：张某甲
二〇一四年八月二十四日

附：本起诉状副本三份

二、行政答辩状

行政答辩状

答辩人：C县公安局，住所地C县XXX路XX号，法定代表人张某，该局局长。

答辩人因与张某甲行政纠纷一案，针对原告起诉的事实与理由，答辩如下：

2014年8月11日上午，被告通过110指挥中心接到警情发生在"三山峪养鸡场"的报警电话，但该报警内容为"有人打架"，且并非原告本人报警，被告并未接到"原告的鲁AWA*75号车辆被第三人张某乙强行扣留"的报警。

2014年8月21日17时许，原告电话报警称有人将自己的车扣留，被告随即派员直接到警情发生地即C县绿家农场，但原告未到现场，被告工作人员告知其到D派出所配合调查工作。2014年8月25日16时许，原告再一次电话报警称其车辆被他人扣留，被告民警再次赶到警情发生地，当场向原告了解详细情况，并与第三人电话联系未果，被告民警告知原告需通过向法院提起民事诉讼解决其车辆被扣的问题。为进一步调查落实鲁AWA*75号车辆的去向，被告通知第三人到派出所接受调查，并形成询问笔录，落实车辆的去处，排除了该车损坏、盗窃、转卖的可能。

综上所述,被告在该纠纷警情的处理中,明确告知原告处理该纠纷的法律途径,依法履行了法定职责,不存在不履行法定职责的情形,请求依法驳回原告的诉讼请求。

此致
C 县人民法院

答辩人:C 县公安局
二〇一四年八月三十日

附:本答辩状副本三份

三、第三人陈述

陈述意见

第三人张某乙,男,1969 年 1 月 16 日出生,汉族,住 C 县 XX 路 XXX 号,无业。

委托代理人贾某,男,1966 年 9 月 18 日出生,汉族,住 C 县,B 公司员工。

第三人张某乙述称,涉案鲁 AWA*75 号车辆系其女儿张某某与丈夫杨某某的夫妻共同财产,第三人并没有扣留该车辆,如将在鲁 AZ*88Y 号车上拿走的身份证、银行卡、电脑送回,原告可随时将鲁 AWA*75 号车辆开走。

第三人向本院提交张某某的委托书一份,证实涉案鲁 AWA*75 号车辆系其与丈夫杨某某婚后购买,登记在张某甲名下,2014 年 8 月 11 日,张某甲驾驶该车辆到 C 县绿家农场送孩子时,将该车扣于农场,并委托其父亲即第三人进行管理。

此致
C 县人民法院

陈述人:张某乙
二〇一四年八月三十一日

四、被告证据清单

证据清单（被告提供）

第一组证据（共八份）

证据名称：
1. 接警单编号为 37012420140811102704XXXXXX 派出所记录的警情信息一份，共 1 页；
2. 110 指挥中心接警台的报警电话录音；
3. 接警单编号为 37012420140821170336XXXXXX 所记录的警情信息；
4. D 派出所的 110 处警音视频；
5.《110 接处警登记表》文字记载一份，共一页；
6. D 派出所该次警情处警音视频；
7.《110 接处警登记表》文字记载一份，共一页；
8. 对第三人张某乙的询问笔录两份，共三页。

证明目的：
证明被告已就原告的报警进行处置。

证据来源：
留存文件。

第二组证据（共二份）

证据名称：
1.《A 省公安机关 110 接处警工作规范》；
2.《公安部关于规范违反治安管理行为名称的意见》；
3. C 县民政局婚姻登记处出具的结婚登记审查处理表；
4. C 县 K 街道办事处 F 村出具的证明；
5. C 县公安局 K 街道派出所出具的户籍证明信、证明；
6. C 县公安局 D 派出所出具的证明。

证明目的：
证明原告的岳父杨某某与本案第三人张某乙系儿女亲家关系的事实。

证据来源：
留存及调取文件。

五、原告证据清单

证据清单（原告提供）

第一组证据（共二份）

证据名称：
1. 鲁AWA*75号车的机动车行驶证一份。
2. 鲁AWA*75号车的机动车销售统一发票一份。

证明目的：
证明该汽车归原告所有。

证据来源：
留存文件。

第二组证据（共一份）

证据名称：
机主为张某甲、手机号码分别为138XXXX3738、158XXXX5299、158XXXX7798的中国移动通话详单各一份，共3页。

证明目的：
证明原告曾向被告报警，但被告对第三人的行为没有制止并对原告的报警作出处理。

证据来源：
移动公司提供。

六、原告委托代理人代理词

代理词

尊敬的审判长、审判员：

　　某某律师事务所受张某甲的委托，指派本律师，担任张某甲诉讼代理人。经代理人调取案件相关证据材料，参加今天的庭审，现围绕法庭归纳的争议焦点，提出以下代理意见，供法庭参考。

2014年8月11日上午8时许，原告驾驶本人所有的鲁AWA*75号小型车，载着赵某某、吕某某等人去第三人处，协商处理赵某某的家庭事务纠纷。9时许，原告欲驾车返回，不料第三人关上大门，强行将原告的车辆扣留于第三人院内。随后第三人将原告车辆的车轮卸掉。

原告张某甲以第三人张某乙将其车辆扣留为由向被告报警，被告下属的D派出所派员处警，但被告的工作人员以第三人扣车是家庭纠纷引起的、公安机关无权处理为由撤离现场，至原告起诉，被告一直未对第三人的违法行为予以制止。被告的行为，严重违反了《中华人民共和国行政诉讼法》第十二条第一款："人民法院受理公民、法人或者其他组织提起的下列诉讼：……（六）申请行政机关履行保护人身权、财产权等合法权益的法定职责，行政机关拒绝履行或者不予答复的"、《中华人民共和国治安管理处罚法》第二条："扰乱公共秩序，妨害公共安全，侵犯人身权利、财产权利，妨害社会管理，具有社会危害性，依照《中华人民共和国刑法》的规定构成犯罪的，依法追究刑事责任；尚不够刑事处罚的，由公安机关依照本法给予治安管理处罚"以及《人民警察法》第二十一条第一款："人民警察遇到公民人身、财产安全受到侵犯或者处于其他危难情形，应当立即救助；对公民提出解决纠纷的要求，应当给予帮助；对公民的报警案件，应当及时查处"的规定，未能依法履行其保护原告财产权的法定职责，对被告的权益造成了损害。

以上代理意见，请合议庭参考。谢谢！

代理人：赵某

二〇一四年九月五日

七、被告委托代理人代理词

代理词

尊敬的审判长、审判员：

某某律师事务所受C县公安局的委托，担任C县公安局的诉讼代理人，出庭参与诉讼活动。现就将本案争议焦点和有关法律适用问题等，发表代理意见如下：

原告所诉与事实不符，2014年8月11日上午，被告通过110指挥中心接到警情发生在"三山峪养鸡场"的报警电话，但该报警内容为"有人打架"，且并非原告本人报警，被告并未接到"原告的鲁AWA*75号车辆被第三人张某乙强行扣留"的报警。2014年8月21日17时许，原告电话报警称有人将自己的车扣留，被告随即派员直接到警情发生地即C县绿家农场，但原告未到现场，被告工作人员告知其到D派出所配合调查工作。

2014年8月25日16时许，原告再一次电话报警称其车辆被他人扣留，被告民警再次赶到警情发生地，当场向原告了解详细情况，并与第三人电话联系未果，被告民警告知原告需通过向法院提起民事诉讼解决其车辆被扣的问题。为进一步调查落实鲁AWA*75号车辆的去向，被告通知第三人到派出所接受调查，并形成询问笔录，落实车辆的去处，排除了该车被损坏、盗窃、转卖的可能。

《治安管理处罚法》并没有对"公民私自扣留他人合法财产的行为"作出相应的罚则规定，第三人扣留原告车辆的行为不属于《治安管理处罚法》调整范围，被告无法对第三人的行为作出相应的治安处罚。本案第三人扣留原告车辆的行为系因家庭事务纠纷引发的民事纠纷，被告在该纠纷警情的处理中，明确告知原告处理该纠纷的法律途径，依法履行了法定职责，不存在不履行法定职责的情形，请求依法驳回原告的诉讼请求。

以上代理意见，请合议庭参考。谢谢！

代理人：李某

二〇一四年九月五日

八、判决书

C县人民法院行政判决书

（2014）C行初字第20号

原告：张某甲，男，1986年10月1日出生，汉族，住C县XX路XX号，

E 公司员工。

委托代理人赵某，某某律师事务所律师。

被告：C 县公安局，住所地 C 县 XXX 路 XX 号。

法定代表人张某，该局局长。

委托代理人夏某，C 县公安局工作人员。

委托代理人李某，某某律师事务所律师。

第三人张某乙，男，1969 年 1 月 16 日出生，汉族，住 C 县 XX 路 XXX 号，无业。

委托代理人贾某，男，1966 年 9 月 18 日出生，汉族，住 C 县，B 公司员工。

原告张某甲因要求被告 C 县公安局履行保护财产权法定职责，于 2014 年 8 月 25 日向本院提起行政诉讼，本院于同日受理后，于 2014 年 8 月 29 日向被告送达了起诉状副本及应诉通知书。本院依法组成合议庭，于 2014 年 9 月 18 日、2014 年 11 月 21 日分别公开开庭审理了本案。原告张某甲及其委托代理人赵某、被告 C 县公安局的委托代理人夏某、李某，第三人张某乙及其委托代理人贾某到庭参加诉讼。本案现已审理终结。

原告张某甲诉称，2014 年 8 月 11 日上午 8 时许，原告驾驶本人所有的鲁 AWA*75 号小型车，载着赵某某、吕某某等人去第三人处，协商处理赵某某的家庭事务纠纷。9 时许，原告欲驾车返回，不料第三人关上大门，强行将原告的车辆扣留于第三人院内。原告的弟弟打电话报警，被告下属的 D 派出所处警后，第三人仍拒不放车，但被告的工作人员却以扣车是因家庭纠纷引起、公安机关无权处理为由撤离现场。后第三人将原告车辆的车轮卸掉，原告得知后又向被告报警，但被告一直未对第三人的违法行为予以制止。被告的行为，严重违反了《治安管理处罚法》的规定，请求依法责令被告履行其保护原告财产权的法定职责。

被告 C 县公安局辩称，原告所诉不实，2014 年 8 月 11 日上午，被告通过 110 指挥中心接到警情发生在"三山峪养鸡场"的报警电话，但该报警内容为"有人打架"，且并非原告本人报警，被告并未接到"原告的鲁 AWA*75 号车辆被第三人张某乙强行扣留"的报警。2014 年 8 月 21 日 17 时许，原告电话报警称有人将自己的车扣留，被告随即派员直接到警情发生地即 C 县绿家农场，但原告未到现场，被告工作人员告知其到 D 派出所配合调查工作。

2014 年 8 月 25 日 16 时许，原告再一次电话报警称其车辆被他人扣留，被告民警再次赶到警情发生地，当场向原告了解详细情况，并与第三人电话联系未果，被告民警告知原告需通过向法院提起民事诉讼解决其车辆被扣的问题。为进一步调查落实鲁 AWA*75 号车辆的去向，被告通知第三人到派出所接受调查，并形成询问笔录，落实车辆的去处，排除了该车损坏、盗窃、转卖的可能。

《治安管理处罚法》并没有对"公民私自扣留他人合法财产的行为"作出相应的罚则规定，第三人扣留原告车辆的行为不属于《治安管理处罚法》调整范围，被告无法对第三人的行为作出相应的治安处罚。本案第三人扣留原告车辆的行为系因家庭事务纠纷引发的民事纠纷，被告在该纠纷警情的处理中，明确告知原告处理该纠纷的法律途径，依法履行了法定职责，不存在不履行法定职责的情形，请求依法驳回原告的诉讼请求。

第三人张某乙述称，涉案鲁 AWA*75 号车辆系其女儿张某某与丈夫杨某某的夫妻共同财产，第三人并没有扣留该车辆，如将在鲁 AZ*88Y 号车上拿走的身份证、银行卡、电脑送回，原告可随时将鲁 AWA*75 号车辆开走。第三人向本院提交张某某的委托书一份，证实涉案鲁 AWA*75 号车辆系其与丈夫杨某某婚后购买，登记在张某甲名下，2014 年 8 月 11 日，张某甲驾驶该车辆到 C 县绿家农场送孩子时，将该车扣于农场，并委托其父亲即第三人进行管理。

经审理查明，原告张某甲的岳父母与第三人张某乙系儿女亲家关系，2014 年 8 月 11 日上午，张某甲驾驶其所有的鲁 AWA*75 号车拉载其岳母去第三人张某乙处，第三人张某乙因故将原告的车辆扣留并将该车轮卸掉两个。原告或他人此后便多次打电话报警或通过 12345 热线报警，被告接到报警后遂派员前往警情发生地，对案情进行了解，后告知原告，案件属家庭矛盾纠纷，可以通过向人民法院提起诉讼的方式解决纠纷，但未就第三人扣留原告车辆并将两个车轮卸掉的行为性质作出认定及处理。

本院认为，《中华人民共和国治安管理处罚法》第二条规定："扰乱公共秩序，妨害公共安全，侵犯人身权利、财产权利，妨害社会管理，具有社会危害性，依照《中华人民共和国刑法》的规定构成犯罪的，依法追究刑事责任；尚不够刑事处罚的，由公安机关依照本法给予治安管理处罚。"依据上述规定公安机关负有保护公民财产权的法定职责。

《中华人民共和国人民警察法》第二十一条规定："人民警察遇到公民人身、财产安全受到侵犯或者处于其他危难情形，应当立即救助；对公民提出解决纠纷的要求，应当给予帮助；对公民的报警案件，应当及时查处。"

本案中，鲁AWA*75号车的所有权人为原告张某甲，原告的岳父母和第三人张某乙因其他原因而产生家庭纠纷，第三人应采取合理合法的方式解决，本案原告与第三人间并无矛盾纠纷，但第三人却将本案原告的车辆予以扣留，被告及第三人虽均主张"第三人并无非法占有原告车辆的故意"，但被告处理案件过程中，原告多次要求第三人返还车辆，第三人均未予返还。原告要求被告对原告的报警进行处理，被告以该纠纷属家庭矛盾纠纷不予处理，属认定事实不清，法律依据不足。

第三人虽主张系其女儿张某某将车辆扣留，但结合鲁AWA*75号车辆被扣地点、张某乙的答辩意见及在被告询问笔录中的陈述，可以认定张某乙亦参与扣留原告车辆的事实。

本案诉讼过程中，原告自己将被第三人扣留的车辆取回，第三人亦予以认可。原告主张第三人仍扣留两个车轮，第三人主张原告已将卸掉的车轮取回，但双方均无证据予以证实，被告应对此事实进行调查处理。

综上，依据《中华人民共和国行政诉讼法》第五十四条第（三）项的规定，判决如下：

一、限被告C县公安局于本判决生效后，在法定期限内依法对原告张某甲的报案作出处理。

二、案件受理费50元，由被告C县公安局负担。

如不服本判决，可在判决书送达之日起十五日内，向本院递交上诉状，并按对方当事人的人数提出副本，上诉于A市中级人民法院。

审判长　李某某
审判员　张某某
审判员　李某
二○一四年九月十六日

书记员　赵某

（院印）

[法律人物]

沈家本

沈家本（1840—1913年），浙江湖州人。沈家本于清同治四年（1865年）考中举人，此后经过近20年的努力，直到光绪九年（1883年）考取进士。他有30年的刑曹生涯，曾在天津、保定任官职。光绪二十八年（1902年）奉命修律，启动晚清的法律改革。从1902年起至宣统三年（1911年），沈家本任法部侍郎负责修订法律，还曾被任命为大理院正卿、资政院副总裁。沈家本是中国近代著名法学家，是清朝末年主张"法律救国"的代表人物。他毕生从事法律研究，建树卓著。沈家本既是一位中华传统律学功底十分深厚的律学家，又是一位积极吸取世界优秀法律文化的法学家。他既不固守传统法制，又不照搬西方法律，而能"贯通古今，融会中西"。他的法律思想，对中国近代法律制度的改革和发展产生了深刻的影响。

第十一讲 消费明

消费者，生活需，知选择，公平拒。
两倍弥，三倍欺，十倍食，网电七。

[诗文释义]

　　消费者特指为了生活的需要而购买、使用商品或者接受服务的人。消费者享有的重要权利主要有：知悉其购买、使用的商品或者接受的服务的真实情况的权利，即知情权；自主选择提供商品或者服务的经营者，自主选择商品品种或者服务方式，自主决定购买或者不购买任何一种商品、接受或者不接受任何一项服务的权利，即选择权；公平交易的权利并有权获得质量保障、价格合理、计量正确等公平交易的条件的权利；拒绝经营者的强制交易行为的权利等。经营者明知商品或者服务存在缺陷，仍然向消费者提供，造成消费者或者其他受害人死亡或者健康严重损害的，受害人有权要求经营者赔偿损失，并有权要求所受损失二倍以下的惩罚性赔偿。经营者提供商品或者服务有欺诈行为的，应当按照消费者的要求增加赔偿其受到的损失，增加赔偿的金额为消费者购买商品的价款或者接受服务的费用的三倍。生产不符合食品安全标准的食品或者经营明知是不符合食品安全标准的食品，消费者除要求赔偿损失外，还可以向生产者或者经营者要求支付价款十倍的赔偿金。经营者采用网络、电视、电话、邮购等方式销售商品，除特殊商品外，消费者有权自收到商品之日起七日内无理由退货。

注释：
1. 知选择：即消费者的知情权和选择权。
2. 公平拒：即消费者的公平交易权和拒绝强制交易权。
3. 弥：更多，这里指增加惩罚性赔偿。
4. 网电：指通过网络和电视、电话等方式。

[概念解析]

1. 消费者
2. 知情权
3. 选择权
4. 公平交易权
5. 惩罚性赔偿
6. 欺诈

[法律规定]

《中华人民共和国消费者权益保护法》第二条　消费者为生活消费需要购买、使用商品或者接受服务，其权益受本法保护；本法未作规定的，受其他有关法律、法规保护。

《中华人民共和国消费者权益保护法》第四条　经营者与消费者进行交易，应当遵循自愿、平等、公平、诚实信用的原则。

《中华人民共和国消费者权益保护法》第五条第一款　国家保护消费者的合法权益不受侵害。

《中华人民共和国消费者权益保护法》第七条　消费者在购买、使用商品和接受服务时享有人身、财产安全不受损害的权利。

消费者有权要求经营者提供的商品和服务，符合保障人身、财产安全的要求。

《中华人民共和国消费者权益保护法》第八条　消费者享有知悉其购买、使用的商品或者接受的服务的真实情况的权利。

消费者有权根据商品或者服务的不同情况，要求经营者提供商品的价格、产地、生产者、用途、性能、规格、等级、主要成分、生产日期、有效期限、检验合格证明、使用方法说明书、售后服务，或者服务的内容、规格、费用等有关情况。

《中华人民共和国消费者权益保护法》第九条　消费者享有自主选择商品或者服务的权利。

消费者有权自主选择提供商品或者服务的经营者，自主选择商品品种或者服务方式，自主决定购买或者不购买任何一种商品、接受或者不接受任何一项服务。

消费者在自主选择商品或者服务时，有权进行比较、鉴别和挑选。

《中华人民共和国消费者权益保护法》第十条　消费者享有公平交易的权利。

消费者在购买商品或者接受服务时，有权获得质量保障、价格合理、计量正确等公平交易条件，有权拒绝经营者的强制交易行为。

《中华人民共和国消费者权益保护法》第十一条　消费者因购买、使用商品或者接受服务受到人身、财产损害的，享有依法获得赔偿的权利。

《中华人民共和国消费者权益保护法》第十四条　消费者在购买、使用商品和接受服务时，享有人格尊严、民族风俗习惯得到尊重的权利，享有个人信息依法得到保护的权利。

《中华人民共和国消费者权益保护法》第十八条　经营者应当保证其提供的商品或者服务符合保障人身、财产安全的要求。对可能危及人身、财产安全的商品和服务，应当向消费者作出真实的说明和明确的警示，并说明和标明正确使用商品或者接受服务的方法以及防止危害发生的方法。

宾馆、商场、餐馆、银行、机场、车站、港口、影剧院等经营场所的经营者，应当对消费者尽到安全保障义务。

《中华人民共和国消费者权益保护法》第二十条第一款　经营者向消费者提供有关商品或者服务的质量、性能、用途、有效期限等信息，应当真实、全面，不得作虚假或者引人误解的宣传。

《中华人民共和国消费者权益保护法》第二十二条　经营者提供商品或者服务，应当按照国家有关规定或者商业惯例向消费者出具发票等购货凭证或者服务单据；消费者索要发票等购货凭证或者服务单据的，经营者必须出具。

《中华人民共和国消费者权益保护法》第二十三条　经营者应当保证在正常使用商品或者接受服务的情况下其提供的商品或者服务应当具有的质量、性能、用途和有效期限；但消费者在购买该商品或者接受该服务前已经知道其存在瑕疵，且存在该瑕疵不违反法律强制性规定的除外。

经营者以广告、产品说明、实物样品或者其他方式表明商品或者服务的质量状况的，应当保证其提供的商品或者服务的实际质量与表明的质量状况相符。

《中华人民共和国消费者权益保护法》第二十四条　经营者提供的商品或者服务不符合质量要求的，消费者可以依照国家规定、当事人约定退货，或者要求经营者履行更换、修理等义务。没有国家规定和当事人约定的，消费者可以自收到商品之日起七日内退货；七日后符合法定解除合同条件的，消费者可以及时退货，不符合法定解除合同条件的，可以要求经营者履行更换、修理等义务。

依照前款规定进行退货、更换、修理的，经营者应当承担运输等必要费用。

《中华人民共和国消费者权益保护法》第二十五条　经营者采用网络、电视、电话、邮购等方式销售商品，消费者有权自收到商品之日起七日内退货，且无需说明理由，但下列商品除外：

（一）消费者定作的；

（二）鲜活易腐的；

（三）在线下载或者消费者拆封的音像制品、计算机软件等数字化商品；

（四）交付的报纸、期刊。

除前款所列商品外，其他根据商品性质并经消费者在购买时确认不宜退货的商品，不适用无理由退货。

消费者退货的商品应当完好。经营者应当自收到退回商品之日起七日内返还消费者支付的商品价款。退回商品的运费由消费者承担；经营者和消费者另有约定的，按照约定。

《中华人民共和国消费者权益保护法》第四十四条　消费者通过网络交易平台购买商品或者接受服务，其合法权益受到损害的，可以向销售者或者服务者要求赔偿。网络交易平台提供者不能提供销售者或者服务者的真实名称、地址和有效联系方式的，消费者也可以向网络交易平台提供者要求赔偿；网络交易平台提供者作出更有利于消费者的承诺的，应当履行承诺。网络交易平台提供者赔偿后，有权向销售者或者服务者追偿。

网络交易平台提供者明知或者应知销售者或者服务者利用其平台侵害消费者合法权益，未采取必要措施的，依法与该销售者或者服务者承担连带责任。

《中华人民共和国消费者权益保护法》第四十九条　经营者提供商品或者服务，造成消费者或者其他受害人人身伤害的，应当赔偿医疗费、护理费、交通费等为治疗和康复支出的合理费用，以及因误工减少的收入。造成残疾的，还应当赔偿残疾生活辅助具费和残疾赔偿金。造成死亡的，还应当赔偿丧葬费和死亡赔偿金。

《中华人民共和国消费者权益保护法》第五十一条　经营者有侮辱诽谤、搜查身体、侵犯人身自由等侵害消费者或者其他受害人人身权益的行为，造成严重精神损害的，受害人可以要求精神损害赔偿。

《中华人民共和国消费者权益保护法》第五十二条　经营者提供商品或者服务，造成消费者财产损害的，应当依照法律规定或者当事人约定承担修理、重作、更换、退货、补足商品数量、退还货款和服务费用或者赔偿损失等民事责任。

《中华人民共和国消费者权益保护法》第五十五条　经营者提供商品或者服务有欺诈行为的，应当按照消费者的要求增加赔偿其受到的损失，增加赔偿的金额为消费者购买商品的价款或者接受服务的费用的三倍；增加赔偿的金额不足五百元的，为五百元。法律另有规定的，依照其规定。

经营者明知商品或者服务存在缺陷，仍然向消费者提供，造成消费者或者其他受害人死亡或者健康严重损害的，受害人有权要求经营者依照本法第四十九条、第五十一条等法律规定赔偿损失，并有权要求所受损失二倍以下的惩罚性赔偿。

《中华人民共和国产品质量法》第二十七条 产品或者其包装上的标识必须真实,并符合下列要求:

(一) 有产品质量检验合格证明;

(二) 有中文标明的产品名称、生产厂厂名和厂址;

(三) 根据产品的特点和使用要求,需要标明产品规格、等级、所含主要成分的名称和含量的,用中文相应予以标明;需要事先让消费者知晓的,应当在外包装上标明,或者预先向消费者提供有关资料;

(四) 限期使用的产品,应当在显著位置清晰地标明生产日期和安全使用期或者失效日期;

(五) 使用不当,容易造成产品本身损坏或者可能危及人身、财产安全的产品,应当有警示标志或者中文警示说明。

裸装的食品和其他根据产品的特点难以附加标识的裸装产品,可以不附加产品标识。

《中华人民共和国食品安全法》第一百四十八条 消费者因不符合食品安全标准的食品受到损害的,可以向经营者要求赔偿损失,也可以向生产者要求赔偿损失。接到消费者赔偿要求的生产经营者,应当实行首负责任制,先行赔付,不得推诿;属于生产者责任的,经营者赔偿后有权向生产者追偿;属于经营者责任的,生产者赔偿后有权向经营者追偿。

生产不符合食品安全标准的食品或者经营明知是不符合食品安全标准的食品,消费者除要求赔偿损失外,还可以向生产者或者经营者要求支付价款十倍或者损失三倍的赔偿金;增加赔偿的金额不足一千元的,为一千元。但是,食品的标签、说明书存在不影响食品安全且不会对消费者造成误导的瑕疵的除外。

《中华人民共和国电子商务法》第五条 电子商务经营者从事经营活动,应当遵循自愿、平等、公平、诚信的原则,遵守法律和商业道德,公平参与市场竞争,履行消费者权益保护、环境保护、知识产权保护、网络安全与个人信息保护等方面的义务,承担产品和服务质量责任,接受政府和社会的监督。

《中华人民共和国电子商务法》第十条 电子商务经营者应当依法办理市场主体登记。但是,个人销售自产农副产品、家庭手工业产品,个人利用自己的技能从事依法无须取得许可的便民劳务活动和零星小额交易活动，以及依照法律、行政法规不需要进行登记的除外。

《中华人民共和国电子商务法》第十七条　电子商务经营者应当全面、真实、准确、及时地披露商品或者服务信息，保障消费者的知情权和选择权。电子商务经营者不得以虚构交易、编造用户评价等方式进行虚假或者引人误解的商业宣传，欺骗、误导消费者。

[故事链接]

弦高退师

三十三年春，秦师过周北门，左右免胄而下。超乘者三百乘。王孙满尚幼，观之，言于王曰："秦师轻而无礼，必败。轻则寡谋，无礼则脱。入险而脱。又不能谋，能无败乎？"及滑，郑商人弦高将市于周，遇之。以乘韦先，牛十二犒师，曰："寡君闻吾子将步师出于敝邑，敢犒从者，不腆敝邑，为从者之淹，居则具一日之积，行则备一夕之卫。"且使遽告于郑。郑穆公使视客馆，则束载、厉兵、秣马矣。使皇武子辞焉，曰："吾子淹久于敝邑，唯是脯资饩牵竭矣。为吾子之将行也，郑之有原圃，犹秦之有具囿也。吾子取其麋鹿以闲敝邑，若何？"杞子奔齐，逢孙、扬孙奔宋。孟明曰："郑有备矣，不可冀也。攻之不克，围之不继，吾其还也。"灭滑而还。（选自《左传·僖公三十三年》）

译文：三十三年春，秦国军队经过周王城的北门，车左、右的将士都脱去头盔下车致敬，超乘了三百辆战车。王孙满年纪还小，看到后对周襄王说："秦国军队不庄重又没有礼貌，一定失败。不庄重就缺少计谋，无礼貌就不重视。进入险地而满不在乎，又没有智谋，能不打败仗吗？"秦军到达滑国，郑国的商人弦高正准备入周做买卖，碰到秦军后，弦高知道秦军是路过滑国去袭郑国的，他机智应变，先送秦军四张熟牛皮作引礼，再送十二头牛犒劳军队，对秦军首领说："郑国的君主听说您准备行军过我们郑国，特派我来犒赏您的军队。郑国财力比较贫乏，为了您的随从在郑国停留，若住下安营就预备一天的供应，若离开就准备一夜的守卫。"弦高同时派人紧急回郑国报告。郑穆公得知后，一面传令军队进入战备，一面派人去到秦国派到郑国的使者那里探听究竟。看到秦国使者和随从已经装束停当，手持武器，准备行动后，郑国的大臣皇武子就客气地说："听说各位将要回国，我们没有时间为你们饯行，我们郑国的原野上，到处都有麋鹿出没，请你们自己去猎取吧。"于是杞子赶快逃到齐国，正逢孙、扬孙逃去宋国。秦军见此情景，知道郑国已经有了准备，被迫放弃偷袭郑国的计划，班师并顺路消灭了滑国而返回。这就是历史上非常有名的郑国商人弦高放弃私利，置自身安危于不顾，机智救国的故事。

经典语录

消费者的"自主选择"只是一个假象，所有的消费者都在生产者的掌控之中。消费者只是在不断的"趋同"，在规定的选择中，向自己希望成为的样子，而那个样子本身也是被生产者规定好的。

——〔法〕鲍德里亚

占领市场必先占领消费者的心灵。

——〔美〕李奥贝纳

对产品质量来说，不是100分就是0分。

——〔日〕松下幸之助

[典型案例]

陈某某与郁某买卖合同纠纷案

（本案系江苏省高级人民法院发布的消费者权益保护典型案例）

郁某系通过微信销售内衣的微商。陈某某于2016年2月17日和2016年3月5日先后从郁某处购买了三套内衣，第一套在冷水中洗涤未发现异常，第二套、第三套在温水中洗涤出现浓重异味，再次洗涤也未能消除，遂怀疑衣服质量出现问题，对包装进行检查的过程中发现郁某出售的内衣无厂名、无厂址、无吊牌，严重违反《产品质量法》第二十七条的规定，系三无产品。向郁某反映后，郁某称内衣系厂里自产自销，所以没有吊牌，并且拒绝退货。陈某某遂诉至法院，要求郁某退还货款人民币348元，三倍赔偿货款1044元，并向陈某某道歉。

法院认为，陈某某和郁某之间存在买卖合同关系，郁某通过微信销售的内衣不符合《中华人民共和国产品质量法》对产品标签标识的要求，内衣上无任何标识。根据《消费者权益保护法》的规定，判决郁某承担退还货款并支付三倍价款的赔偿金。

模法师导师教学指引

一、教学目的

通过对消费者享有的知情权、选择权、公平交易权等主要权利的介绍，让学生了解我国法律对消费者权利的保护，掌握消费者权利受到侵害时，可以通过哪些方式维权。让学生明白，作为经营者应当守法、诚信经营，否则要受到法律的惩罚且得不偿失的道理。

二、微话剧表演

1. 在导师指导下，选几位同学分组，表演弦高退师的微话剧。尽量让学生自由发挥，按自己的意愿选择故事的发展方向与台词。
2. 在导师指导下，选几位同学分组，表演陈某某与郁某通过微信买卖内衣合同纠纷案的微话剧。尽量让学生自由发挥，按自己的意愿选择故事的发展方向与台词。
3. 在微话剧表演时摄制视频，用于模拟开庭前的播放。

三、讲课内容

1. 讲授消费者的概念及消费者的知情权、选择权、公平交易权等主要权利，讲解惩罚性赔偿和欺诈的概念。
2. 介绍《中华人民共和国消费者权益保护法》《中华人民共和国产品质量法》和《中华人民共和国食品安全法》等与消费者有关的法律规定。
3. 分析陈某某与郁某买卖合同纠纷案的法律问题并讲解《中华人民共和国消费者权益保护法》和《中华人民共和国食品安全法》中关于对消费者进行二倍、三倍、十倍赔偿的法律规定。
4. 分析电商给消费者的生活带来哪些影响，在消费者权益保护方面有哪些特殊规定。
5. 介绍弦高退师的故事。

四、分组准备

选择六至十名学生分审判人员、原告及其代理律师、被告及其代理律师、书记员四组，分别准备陈某某与郁某买卖合同纠纷案的模拟一审开庭。

五、模拟法庭

导师指导学生针对本案例开模拟法庭。

六、自由辩论

导师归纳在模拟开庭和微话剧表演中的一至三个争议焦点问题，选择二至六名同学进行自由辩论。

七、分组讨论

针对以下问题组织学生分组讨论十分钟，讨论结束后每组选派一名学生向大家脱稿报告讨论结果。

1. 结合陈某某与郁某买卖合同纠纷案的启示，你在今后的生活中通过微信或其他电商平台购买商品应当注意哪些问题？
2. 如果你是一个电商经营者，你觉得怎样经营才能取得长久的成功？

八、导师总结

导师根据各组讨论报告进行总结并引导学生进行思考，之后综合以上全部教学内容给学生讲解诗文的释义，要求学生理解并背诵。

九、学时分配

共5学时，其中微话剧表演1学时，讲课1学时，分组准备1学时，模拟开庭与辩论1学时，分组讨论0.5学时，导师总结0.5学时。

[模拟开庭法律文书参考范本]

一、民事起诉状

民事起诉状

原告：陈某某，男，1989年3月15日出生，住A市B区，C公司员工。委托代理人赵某，某某律师事务所律师。

被告：郁某，女，1990年8月9日出生，住D市E区，自由职业。委托代理人李某，某某律师事务所律师。

诉讼请求：

1. 判令被告向原告退还货款人民币348元，并三倍赔偿货款1044元，合计1392元。
2. 判令被告向原告赔礼道歉。
3. 本案诉讼费用由被告承担。

事实与理由：

原告于2016年2月17日和2016年3月5日先后从被告处购买了三套内衣，第一套在冷水中洗涤未发现异常，但是第二套、第三套在温水中洗涤出现浓重异味，再次洗涤也未能消除，原告遂怀疑衣服质量出现问题，对包装进行检查的过程中发现被告出售的内衣标识不足，系三无产品。向被告反映后，被告称内衣系厂里自产自销，所以没有吊牌，经过多次与被告协商，被告均拒绝退货。并且被告在朋友圈发布消息态度恶劣，颠倒黑白，对原告名誉造成不良影响。为维护现原告合法权益，特依据《中华人民共和国消费者权益保护法》第二十四条"经营者提供的商品或者服务不符合质量要求的，消费者可以依照国家规定、当事人约定退货，或者要求经营者履行更换、修理等义务。没有国家规定和当事人约定的，消费者可以自收到商品之日起七日内退货；七日后符合法定解除合同条件的,消费者可以及时退货,不符合法定解除合同条件的,可以要求经营者履行更换、修理等义务"以及《中华人民共和国消费者权益保护法》第五十五条"经营者提供商品或者服务有欺诈行为的,应当按照消费者的要求增加赔偿其受到的损失,增加赔偿的金额为消费者购买商品的价款或者接受服务的费用的三倍;增加赔偿的金额不足五百元的,为五百元"的规定诉至法院,请求法院判如所请。

此致
A市B区人民法院

起诉人:陈某某
二〇一六年六月十五日

附:本起诉状副本二份

二、民事答辩状

民事答辩状

答辩人:郁某,女,1990年8月9日出生,住D市E区,自由职业。

答辩人因与陈某某买卖合同纠纷一案,针对陈某某起诉的事实与理由,答辩如下:

一、原告的诉讼请求无事实和法律依据。原告曾两次购买了同款产品,对产品的实际情况是明知的,被告在销售产品时并无欺诈原告行为。

二、产品的损坏是由于原告没有按照洗涤标识洗涤所造成的,且在被告在原告购买时已告知其注意洗涤,造成的后果应由原告自己承担。

三、原告诉称被告朋友圈对其名誉造成损失,无法律依据,且因本案系买卖合同纠纷,原告要求被告道歉的诉讼请求不能成立。

综上所述,请求法院依法驳回原告诉讼请求。

此致
A市B区人民法院

答辩人:郁某
二〇一六年六月二十日

附：本答辩状副本二份

三、原告证据清单

证据清单（原告提供）

证据名称：

1. 微信聊天记录截图一份，共1页；
2. 付款记录截图一份，共1页；
3. 快递记录单一份，共1页。

证明目的：

证明原告在被告处购买内衣的事实。

证据来源：

留存文件及陈某某手机留存。

四、被告证据清单

证据清单（被告提供）

第一组证据（共一份）

证据名称：

微信聊天记录截图一份，共1页。

证明目的：

证明郁某已向陈某某告知衣物应注意洗涤的事实。

证据来源：

郁某手机留存。

第二组证据（共一份）

证据名称：

微信朋友圈截图一份，共1页。

证明目的：

证明被告并未对原告造成名誉损失。

证据来源：

郁某手机留存。

五、原告委托代理人代理词

代理词

尊敬的审判长、审判员：

某某律师事务所受陈某某的委托，指派本律师，担任陈某某诉讼代理人。经代理人调取案件相关证据材料，参加今天的庭审，现围绕法庭归纳的争议焦点，提出以下代理意见，供法庭参考。

原告于2016年2月17日和2016年3月5日先后从被告处购买了三套内衣，第一套在冷水中洗涤未发现异常，第二套、第三套在温水中洗涤出现浓重异味，再次洗涤也未能消除，遂怀疑衣服质量出现问题，对包装进行检查的过程中发现被告出售的内衣无厂名、无厂址、无吊牌，严重违反《产品质量法》第二十七条的规定，系三无产品。向被告反映后，被告称内衣系厂里自产自销，所以没有吊牌，并且拒绝退货。后经过多次协商无果。依照《中华人民共和国消费者权益保护法》第二十四条："经营者提供的商品或者服务不符合质量要求的，消费者可以依照国家规定、当事人约定退货，或者要求经营者履行更换、修理等义务。没有国家规定和当事人约定的，消费者可以自收到商品之日起七日内退货；七日后符合法定解除合同条件的，消费者可以及时退货，不符合法定解除合同条件的，可以要求经营者履行更换、修理等义务"、《中华人民共和国产品质量法》第二十七条："产品或者其包装上的标识必须真实，并符合下列要求：（一）有产品质量检验合格证明；（二）有中文标明的产品名称、生产厂厂名和厂址；（三）根据产品的特点和使用要求，需要标明产品规格、等级、所含主要成分的名称和含量的，用中文相应予以标明；需要事先让消费者知晓的，应当在外包装上标明，或者预先向消费者提供有关资料；（四）限期使用的产品，应当在显著位置清晰地标明生产日期和安全使用期或者失效日期；（五）使用不当，容易造成产品本身损坏或者可能危及人身、财产安全的产品，应当有警示标志或者中文警示说明"以及《中华人民共和国消费者权益保护法》第五十五条："经营者提供商品或者服务有欺诈行为的，应当按照消费者的要求增加赔偿其受到的损失，增加赔偿的金额为消费者购买商品的价款或者接受服务的费用的三倍；增加赔偿的金额不足五百元的，为五百元"之规定请求法院依法保护原告作为消费者的合法权益。

以上代理意见，请合议庭参考。谢谢！

代理人：赵某

二〇一六年六月二十八日

六、被告委托代理人代理词

代理词

尊敬的审判长、审判员：

某某律师事务所受郁某的委托，担任郁某的诉讼代理人，出庭参与诉讼活动。现就将本案争议焦点和有关法律适用问题等，发表代理意见如下：

原告曾两次在被告处购买了同款产品，所以原告对产品的实际情况是明知的，被告在销售产品时并无《中华人民共和国消费者权益保护法》第五十五条规定的欺诈行为，故原告要求被告承担三倍赔偿货款的要求于法无据，应予以驳回。

原告所购买的衣物出现原告所称的问题，完全是由于其没有按照洗涤标识进行洗护所造成的，与被告无关，要求退货的行为更是有损被告权益，且该内衣系厂里自产自销，所以没有吊牌。

另外原告诉讼的法律关系为买卖合同纠纷，故原告要求被告道歉的诉讼请求不能成立，而且被告也无原告所述的在朋友圈对其名誉造成损失的行为，故应依法予以驳回。

以上代理意见，请合议庭参考。谢谢！

代理人：李某

二〇一六年六月二十八日

七、判决书

A市B区人民法院民事判决书

（2016）B民初第2625号

原告：陈某某，男，1989年3月15日出生，住A市B区，C公司员工。委托代理人赵某，某某律师事务所律师。

被告：郁某，女，1990年8月9日出生，住D市E区，自由职业。委托代理人李某，某某律师事务所律师。

原告陈某与被告郁某买卖合同纠纷一案，本院受理后，依法组成审判庭，公开开庭进行了审理。原告陈某某及其委托代理人赵某，被告郁某及其委托代理人李某到庭参加诉讼。本案现已审理终结。

原告陈某某诉称，原告于2016年2月17日和2016年3月5日先后从被告处购买了三套内衣，第一套在冷水中洗涤未发现异常，第二套、第三套在温水中洗涤出现浓重异味，再次洗涤也未能消除，遂怀疑衣服质量出现问题，对包装进行检查的过程中发现被告出售的内衣无厂名、无厂址、无吊牌，严重违反《产品质量法》第二十七条的规定，系三无产品。向被告反映后，被告称内衣系厂里自产自销，所以没有吊牌，并且拒绝退货。后经过多次协商无果，为保护原告作为消费者的合法权益，依据《中华人民共和国消费者权益保护法》第二十四条、第五十五条诉至法院，请求判令：一、被告退还货款人民币348元，并三倍赔偿货款1044元，合计1392元；二、被告向原告道歉；三、诉讼费用由被告负担。

被告郁某辩称，一、原告的诉讼请求无事实和法律依据。原告曾两次购买了同款产品，对产品的实际情况是明知的，被告在销售产品时并无欺诈原告的行为；二、原告没有按照洗涤标识洗涤，产品出现问题完全是由于原告的不良洗护造成的；三、原告诉讼的法律关系为买卖合同纠纷，故原告要求被告道歉的诉讼请求不能成立，应依法予以驳回。

经审理查明，原告于2016年2月17日和2016年3月5日先后从被告处购买了三套内衣，共计348元，因洗涤过程中出现浓重异味，怀疑衣服质量出现问题，对包装进行检查的过程中发现被告出售的内衣无厂名、无厂址、无吊牌，向被告反映后，被告拒绝退货。

以上事实，有微信聊天记录、付款记录、照片和当事人在庭审中的陈述等证据证实，本院予以确认。

本院认为，原告在被告处购买三套内衣，被告对此予以认可，可以认定原、被告之间存在买卖合同关系。根据《中华人民共和国产品质量法》第二十七条规定："产品或者其包装上的表示必须真实，并且符合下列要求：（一）有产品质量检验合格证明；（二）有中文标明的产品名称、生产厂厂名、厂址。"

本案中，被告销售的案涉内衣并无任何标识，违反了产品质量法对产品标签标识的要求，应当认定为不符合产品质量法标准的产品。《消费者权益保护法》第五十五条规定："经营者提供商品或者服务有欺诈行为的，应当按照消费者的要求增加赔偿其受到的损失，增加赔偿的金额为消费者购买商品的价款或者接受服务的费用的三倍。"被告明知上述产品无相应的标签标识仍进行销售，应当承担退还货款并支付三倍价款的赔偿金。经核算，被告应退还的货款为348元，应支付的赔偿金为1044元。本案系买卖合同纠纷，原告要求被告道歉的诉讼请求，没有法律依据，本院不予支持。依照《中华人民共和国产品质量法》第三条、第二十七条，《消费者权益保护法》第五十五条的规定，判决如下：

一、被告于本判决发生法律效力之日起十日内退还原告货款348元，并支付赔偿金1044元。同时，原告将案涉内衣退还被告。

二、驳回原告的其他诉讼请求。

如被告未按本判决指定的期间履行义务，应当依照《中华人民共和国民事诉讼法》第二百五十三条之规定，加倍支付迟延履行期间的债务利息。

案件受理费人民币50元，由被告负担。

如不服本判决，可在判决书送达之日起十五日内，向本院递交上诉状，并按对方当事人的人数提出副本，上诉于A市中级人民法院。

审判员　周某某
审判员　谢某某
审判员　李某
二〇一六年七月十五日
书记员　陈某某
（院印）

[法律人物]

周公

  周公，姬姓，名旦，是周文王姬昌第四子，周武王姬发的弟弟，曾两次辅佐周武王东伐纣王。因其采邑在周，爵为上公，故称周公。周公是西周初期杰出的政治家、军事家、思想家、教育家，是儒学的先驱和奠基人。周公旦"制礼作乐"，制定和推行了系统维护君臣宗法和上下等级的典章制度，即礼乐制度，对中国几千年来的传统文化影响深远。礼成为中国古代文化的核心，"以礼入法"也成为了中国传统法律文化的重要特征。周公礼贤下士，求才心切，进食时多次吐出食物停下来不吃，急于迎客纳才。后世以"周公吐哺"作为在位者礼贤下士之经典。周公是孔子最敬佩的古代圣人。《论语》载，子曰："甚矣，吾衰也！久矣，吾不复梦见周公。"意思是，孔子说："我衰老得很厉害呀！我已经好久没有再梦见周公了"。这里孔子以"吾不复梦见周公久矣"之言，隐喻周代礼乐文化的失落，即"礼崩乐坏"。而"周公之梦"，或"梦见周公"也让后世把周公和梦联系了起来。

第十二讲 禁毒牢

dú pǐn yǐn　　wàn è yuán　　chí róng piàn　　zhì yùn fàn
毒品瘾，万恶源。持容骗，制运贩。

yīng sù huā　　yàn wù xiàn　　jūn bú jiàn　　hǔ mén yān
罂粟花，艳勿羡。君不见，虎门烟。

[诗文释义]

　　毒品使人成瘾，是万恶之源，不仅侵害身体健康，更是危害社会安宁。涉嫌毒品的犯罪最常见的有非法持有毒品罪，容留他人吸毒罪，引诱、教唆、欺骗他人吸毒罪，走私、贩卖、运输、制造毒品罪等。用于制造毒品的罂粟花，千万不要羡慕它美艳的外表，那林则徐在虎门焚烧鸦片时的烟雾，仍历历在目。

注释：

1. 毒品：指鸦片、海洛因、甲基苯丙胺（冰毒）、吗啡、大麻、可卡因以及国家规定管制的其他能够使人形成瘾癖的麻醉药品和精神类药品。

2. 持容骗，制运贩：指非法持有毒品罪，容留他人吸毒罪，引诱、教唆、欺骗他人吸毒罪，走私、贩卖、运输、制造毒品罪。

3. 罂粟花：是罂粟科开花植物的泛称，又名鸦片花、大烟花、英雄花，花大艳丽，香气浓郁，是世界上最美丽的花之一，但也是制造毒品的原料。

4. 虎门烟：指林则徐虎门销烟的故事。

[概念解析]

1. 刑事责任年龄
2. 走私、贩卖、运输、制造毒品罪
3. 非法持有毒品罪

[法律规定]

《中华人民共和国刑法》第十七条 已满十六周岁的人犯罪，应当负刑事责任。

已满十四周岁不满十六周岁的人，犯故意杀人、故意伤害致人重伤或者死亡、强奸、抢劫、贩卖毒品、放火、爆炸、投放危险物质罪的，应当负刑事责任。

已满十四周岁不满十八周岁的人犯罪，应当从轻或者减轻处罚。

因不满十六周岁不予刑事处罚的，责令他的家长或者监护人加以管教；在必要的时候，也可以由政府收容教养。

《中华人民共和国刑法》第三百四十七条 走私、贩卖、运输、制造毒品，无论数量多少，都应当追究刑事责任，予以刑事处罚。

走私、贩卖、运输、制造毒品，有下列情形之一的，处十五年以上有期徒刑、无期徒刑或者死刑，并处没收财产：

（一）走私、贩卖、运输、制造鸦片一千克以上、海洛因或者甲基苯丙胺五十克以上或者其他毒品数量大的；

（二）走私、贩卖、运输、制造毒品集团的首要分子；

（三）武装掩护走私、贩卖、运输、制造毒品的；

（四）以暴力抗拒检查、拘留、逮捕，情节严重的；

（五）参与有组织的国际贩毒活动的。

走私、贩卖、运输、制造鸦片二百克以上不满一千克、海洛因或者甲基苯丙胺十克以上不满五十克或者其他毒品数量较大的，处七年以上有期徒刑，并处罚金。走私、贩卖、运输、制造鸦片不满二百克、海洛因或者甲基苯丙胺不满十克或者其他少量毒品的，处三年以下有期徒刑、拘役或者管制，并处罚金；情节严重的，处三年以上七年以下有期徒刑，并处罚金。

单位犯第二款、第三款、第四款罪的，对单位判处罚金，并对其直接负责的主管人员和其他直接责任人员，依照各该款的规定处罚。

利用、教唆未成年人走私、贩卖、运输、制造毒品，或者向未成年人出售毒品的，从重处罚。

对多次走私、贩卖、运输、制造毒品，未经处理的，毒品数量累计计算。

《中华人民共和国刑法》第三百四十八条 非法持有鸦片一千克以上、海洛因或者甲基苯丙胺五十克以上或者其他毒品数量大的，处七年以上有期徒刑或者无期徒刑，并处罚金；

非法持有鸦片二百克以上不满一千克、海洛因或者甲基苯丙胺十克以上不满五十克或者其他毒品数量较大的，处三年以下有期徒刑、拘役或者管制，并处罚金；情节严重的，处三年以上七年以下有期徒刑，并处罚金。

《中华人民共和国刑法》第三百五十三条 引诱、教唆、欺骗他人吸食、注射毒品的，处三年以下有期徒刑、拘役或者管制，并处罚金；情节严重的，处三年以上七年以下有期徒刑，并处罚金。

强迫他人吸食、注射毒品的，处三年以上十年以下有期徒刑，并处罚金。

引诱、教唆、欺骗或者强迫未成年人吸食、注射毒品的，从重处罚。

《中华人民共和国刑法》第三百五十四条 容留他人吸食、注射毒品的，处三年以下有期徒刑、拘役或者管制，并处罚金。

[故事链接]

虎门销烟

进入 19 世纪以来，以英国为代表的西方资本主义急需打开中国这个巨大的市场。而清政府实行闭关自守的政策，只许可在广州一地同外国通商。中国的封建经济是自给自足的小农经济，进口的工业品没有销路，倒是从中国出口的丝绸、茶叶等备受外国欢迎。外国商人眼看赚不到钱，于是转向了罪恶的鸦片贸易。

鸦片是一种摧残人体的毒品，会使人吸食成瘾，这就使鸦片交易始终保持着六倍以上的高额利润。西方国家向中国全力倾销鸦片，造成我国大量白银外流，并且全国染上烟瘾的人口达二百多万。面对如此恶劣的情况，林则徐再也看不下去了。

公元1838年9月，他在湖广总督任上向道光帝上了一份奏折道：若再由鸦片泛滥下去，那么过不了几十年，中国就再也没有可以御敌的士兵，也没有可以充当军饷的钱财！道光帝本人也抽过鸦片，亲身感受过洋烟的毒害，林则徐的警告使他震惊。于是他命林则徐为钦差大臣，前往广州查禁鸦片。

公元1839年3月，林则徐到了广州后严令贩卖鸦片的商人，限三天以内，把所带的鸦片全部交官，并且签立今后永远不夹带鸦片的保证书。如果胆敢违令，一经查出，货物一律充公，贩卖鸦片的商人一律处死。

林则徐派人在虎门海滩的高处，挖了两个长宽各五十丈的大池，池壁有涵洞与大海相通。6月3日，林则徐率领广东大小官员，前来监督销毁收缴的鸦片。一箱箱鸦片被投入浸满海水的大池中，再倒上海盐和生石灰，顿时池水沸腾，浓烟滚滚，鸦片化作了灰烬。成千上万围观的群众，发出了春雷般的欢呼声。一批焚毁，冲刷干净，又投入一批。就这样，虎门销烟持续了二十三天。

经典语录

流毒于天下，则为害甚巨，法当从严。若犹泄泄视之，是使数十年后，中原几无可御敌之兵，且无可以充饷之银。

——《林则徐集》

健康是一种自由——在一切自由中首屈一指。

——〔瑞士〕亚美路

世界上只有一种英雄主义，那就是了解生命而且热爱生命的人。

——〔法〕罗曼·罗兰

[典型案例]

杨某、蒲某贩卖毒品案

(本案系2017年最高人民法院发布的毒品犯罪及涉毒次生犯罪十大典型案例之一)

2016年6月中旬,杨某找到未成年人蒲某,以帮忙运送物品为由,要求蒲某运送一袋甲基苯丙胺(冰毒)至A市B县XX路XX号,并给予蒲某200元跑路费。蒲某答应后发现有利可图,加之杨某许诺跟着其干赚钱很快的诱惑,遂辍学一直住在A市B县C镇XX路杨某的出租房内,二人同住期间,蒲某得知杨某一直在贩卖毒品。归案前杨某、蒲某累计向许某、罗某、李某及杨某甲(未成年人)贩卖甲基苯丙胺(冰毒)共计10次,约4克。2016年7月21日,公安人员在杨某租住处将二人抓获,当场从杨某身上查获甲基苯丙胺6.9克。经查,杨某贩卖甲基苯丙胺共计10.9克,蒲某贩卖甲基苯丙胺共计4克。

法院依法对被告人杨某判处有期徒刑九年六个月,并处罚金人民币八千元;依法对蒲某判处有期徒刑一年三个月,并处罚金人民币一千元。

模法师导师教学指引

一、教学目的

通过对杨某、蒲某贩卖毒品案的学习和对几种毒品犯罪的概念的讲解，使学生理解各种毒品犯罪的构成。让学生通过了解毒品的危害性，明白毒品对人的健康、家庭、学习等的重要影响，以及毒品对社会安宁的巨大影响。让学生理解毒品违法应当承担的法律责任，要确立"珍爱生命，远离毒品"的观念。通过学习同时让学生了解虎门销烟、林则徐等历史事件和历史人物。

二、微话剧表演

1. 在导师指导下，选几位同学分组，表演林则徐虎门销烟的微话剧。让学生自由发挥，按自己的意愿选择故事的台词。
2. 在导师指导下，选几位同学分组，表演杨某、蒲某贩卖毒品的微话剧。让学生自由发挥，按自己的意愿选择故事的发展方向与台词。
3. 在微话剧表演时摄制视频，用于模拟开庭前的播放。

三、讲课内容

1. 讲授刑事责任年龄，非法持有毒品罪，容留他人吸毒罪，引诱、教唆、欺骗他人吸毒罪，走私、贩卖、运输、制造毒品罪等概念。
2. 给学生介绍《中华人民共和国刑法》有关毒品犯罪的相关规定。
3. 给学生分析杨某、蒲某贩卖毒品案的法律问题并结合案情对走私、贩卖、运输、制造毒品罪，非法持有毒品罪作初步分辨。
4. 给学生介绍虎门销烟的故事及董仲舒其人。

四、分组准备

选择六至十名学生分审判人员、公诉人、被告人及辩护律师、法警与书记员四组,分别准备杨某、蒲某贩卖毒品案的模拟一审开庭。

五、模拟法庭

导师指导学生针对本案例开模拟法庭。

六、自由辩论

导师归纳在模拟开庭和微话剧表演中的一至三个争议焦点问题,选择二至六名同学进行自由辩论。

七、分组讨论

针对以下问题组织学生分组讨论十分钟,讨论后每组选派一名学生向大家脱稿报告讨论结果。

1. 毒品对未成年人的危害有哪些?
2. 你是否遇到过陌生人给你可疑的东西让你食用,如果碰到这种情形你会怎么做?

八、导师总结

导师根据各组讨论报告进行总结并引导学生进行思考,之后综合以上全部教学内容给学生讲解诗文的释义,要求学生理解并背诵。

九、学时分配

共5学时,其中微话剧1学时,讲课1学时,分组准备1学时,模拟开庭与辩论1学时,分组讨论0.5学时,导师总结0.5学时。

[模拟开庭法律文书参考范本]

一、人民检察院起诉书

A市B县人民检察院起诉书

B检公诉刑诉〔2016〕057号

被告人杨某，男，身份证号码XXXX，1993年7月27日出生，无业，住A市B县C镇XX路。

被告人蒲某，男，身份证号码XXXX，2000年3月2日出生，无业，住A市B县C镇XXX路。

以上二人因贩卖毒品罪于2016年7月21日被B县公安局刑事拘留，于2016年7月31日经本院批准，以涉嫌贩卖毒品罪于次日被B县公安局执行逮捕。

本案由B县公安局侦查终结，以被告人杨某、蒲某涉嫌贩卖毒品罪，于2016年8月10日向本院移送审查起诉。本院受理后，于2016年8月11日已告知两被告人有权委托辩护人。依法讯问了被告人，听取了辩护人意见，审查了全部案件材料。经依法审查查明：

2016年6月中旬以来，被告人杨某租住B县C镇XX路，与蒲某暂住在该房屋内，并由被告人杨某提供食宿至案发。期间，被告人杨某多次贩卖冰毒（甲基苯丙胺）并安排蒲某送货。2016年7月，被告人杨某先后10次向4人贩卖冰毒共约10.9克。具体事实分述如下：

1.2016年7月初、7月15日、7月19日，被告人杨某通过电话联系方式安排蒲某先后四次在E中学北大门处向吸毒人员许某（男，生于1975年12月9日）贩卖冰毒共计约1.6克；2016年7月20日，被告人杨某安排蒲某在本县太和镇杨家四巷与虹桥路交界处向许某出售冰毒约0.5克。被告人杨某共计获赃款人民币550元，蒲某获赃款人民币200元。

2.2016年7月初，被告人杨某通过电话联系方式安排蒲某先后两次在本县D镇F大道"家苑"小区门口处向吸毒人员罗某（男，生于1988年10月6日）贩卖冰毒共约0.6克；2016年7月19日左右的一天，被告人杨某安排蒲某在本县D镇XXX路与F大道交界处"肥肠"店外向罗某贩卖冰毒约0.5克。罗某通过微信交易平台共计支付被告人杨某、蒲某毒资人民币300元。

3.2016年7月19日，被告人杨某通过电话联系方式安排蒲某在本县D镇XXX路K小区大门外向吸毒人员李某（男，生于1995年10月29日）贩卖冰毒约0.5克，获赃款人民币100元。

4.2016年7月21日凌晨，被告人杨某通过电话联系方式在本县C镇XX路出租屋内向吸毒人员杨某某（女，生于1998年10月1日）贩卖冰毒约0.3克，获赃款人民币100元。

综上，被告人杨某、蒲某共计向4人贩卖毒品10次，涉案毒品共计约4克，获赃款人民币1050元。

2016年7月21日凌晨，B县公安局民警在本县D镇XX路房屋内将被告人杨某和蒲某抓获，并从被告人杨某身上搜出并扣押白色晶体状可疑物6小袋，经称重，该白色晶体状可疑物净重共计6.9克，电子秤1台、H牌白色手机1部、砍刀3把。

2016年7月28日，经A市公安局物证鉴定所检验，上述白色晶体状可疑物中均检出甲基苯丙胺成分。

本院认为，被告人杨某无视国家刑律，多次向包括未成年人在内的他人贩卖毒品，并在2016年6月中旬欺骗被告人蒲某入伙与其一同贩卖毒品。蒲某已满16周岁，根据《中华人民共和国刑法》第十七条："已满十六周岁的人犯罪，应当负刑事责任。已满十四周岁不满十六周岁的人，犯故意杀人、故意伤害致人重伤或者死亡、强奸、抢劫、贩卖毒品、放火、爆炸、投放危险物质罪的，应当负刑事责任。"之规定，蒲某应对其犯罪行为承担刑事责任。

综上所述，被告人杨某、蒲某触犯了《中华人民共和国刑法》第三百四十七条第四款之规定，犯罪事实清楚，证据确实充分，应当以贩卖毒品罪追究其刑事责任，请依法判处。

此致
A市B县人民法院

检察员：赵某某

二○一六年八月十八日

（院印）

附：1. 被告人杨某、蒲某现羁押于 B 县看守所；
    2. 诉讼卷 3 册。

二、公诉人举证提纲

举证提纲

第一组证据

证实被告人杨某、蒲某贩卖毒品的事实。包括：

1. 公诉机关移交的受案、立案材料；
2. 通话记录、微信交易记录；
3. 证人许某、罗某、李某、杨某某、何某某、文某某的证言；
4. 被告人杨某、蒲某的供述与辩解；
5. 检验意见书及鉴定意见通知书；
6. 现场辨认笔录、辨认笔录及照片、指认照片；
7. 电子证物检查工作笔录及相关信息记录、搜查笔录、称量及取样笔录、尿液提取笔录及检验报告。

第二组证据

证实被告人蒲某已满 16 周岁未满 18 周岁的事实。包括：

蒲某的户籍登记证明。

三、公诉意见书

A 市 B 县人民检察院公诉意见书

被告人：杨某、蒲某

案由：贩卖毒品罪

起诉书号：B 检公诉刑诉〔2016〕057 号

审判长、审判员：

根据《中华人民共和国刑事诉讼法》的规定，我受 A 市 B 县人民检察院的指派，代表本院，以国家公诉人的身份，出席法庭支持公诉，并依法对刑事诉讼实行法律监督。现对本案证据和案件情况发表如下意见，请法庭注意。

通过公安机关提交的公诉机关移交的受案登记表、立案决定书、搜查证、拘留证及通知书、提请批准逮捕书、批准逮捕决定书、逮捕证及通知书，扣押及证据保全清单、调取证据通知书及清单、到案经过、通话记录、微信交易记录，证人许某、罗某、李某、杨某某、何某某、文某某的证言，被告人杨某、蒲某的供述与辩解，检验意见书及鉴定意见通知书、现场辨认笔录、辨认笔录及照片、指认照片、电子证物检查工作笔录及相关信息记录、搜查笔录、称量及取样笔录等证据证实，2016年6月中旬以来，被告人杨某租住 B 县 C 镇 XX 路，与蒲某暂住在该房屋内，并由被告人杨某提供食宿至案发。期间，被告人杨某多次贩卖冰毒（甲基苯丙胺）并安排蒲某送货。

2016 年 7 月初、15 日、19 日、21 日，杨某、蒲某先后向许某、罗某、李某、杨某某分 10 次向 4 人贩卖冰毒，涉案毒品共计约 4 克，获赃款人民币 1050 元。

2016 年 7 月 21 日凌晨，B 县公安局民警在本县 D 镇 XXX 路房屋内将被告人杨某和蒲某抓获，并从被告人杨某身上搜出并扣押白色晶体状可疑物 6 小袋，经称重，该白色晶体状可疑物净重共计 6.9 克，电子秤 1 台、H 牌白色手机 1 部、砍刀 3 把。

2016 年 7 月 28 日，经 A 市公安局物证鉴定所检验，上述白色晶体状可疑物中均检出甲基苯丙胺成分。

本案中被告人杨某身为具有完全行为能力的成年人，其是明知毒品危害性的，虽然同案犯蒲某在后来明知自己在贩卖毒品，但是在开始阶是被杨某诱骗开始的贩卖，而且杨某也知道在自己处购买毒品的人员中有未成年人，根据《中华人民共和国刑法》第三百四十七条规定："利用、教唆未成年人走私、贩卖、运输、制造毒品，或者向未成年人出售毒品的，从重处罚。"依法认定杨某犯贩卖毒品罪，并建议从重处罚。

蒲某虽然在开始阶段是被杨某诱骗，但是其与杨某共同居住时就已明知其行为属于贩卖毒品，是我国刑法所禁止的行为，但为了获取利益不顾法律规定，其行为完全符合《中华人民共和国刑法》第三百四十七条第四款对于贩卖毒品罪的规定。虽然其是未满18周岁的未成年人，但是依据《中华人民共和国刑法》第十七条："已满十六周岁的人犯罪，应当负刑事责任。已满十四周岁不满十六周岁的人，犯故意杀人、故意伤害致人重伤或者死亡、强奸、抢劫、贩卖毒品、放火、爆炸、投放危险物质罪的，应当负刑事责任。"蒲某应对其贩卖毒品的行为承担刑事责任。

综上所述，本案被告人杨某、蒲某的犯罪事实清楚，证据确实充分，依法应当认定被告人犯贩卖毒品罪，并建议判处被告人杨某有期徒刑十年，判处被告人蒲某有期徒刑三年。

公诉人：赵某

二〇一六年八月二十四日

（院印）

四、辩护词

辩护词

本律师依法接受本案被告杨某的委托，担任杨某贩卖毒品案辩护人。接受委托后，辩护人认真查阅了案卷材料，参加法庭审理。辩护人发表以下辩护意见：

关于杨某诱骗蒲某贩毒的指控与事实不符，杨某起初认识蒲某后，仅是让其帮助自己运送，且并未告诉蒲某运送什么东西，而且只是运输了一次，后来是蒲某自己看到有利可图就主动加入，且蒲某从那时就已经知道自己是在贩卖毒品,所以被告人杨某不存在教唆、利用未成年人贩毒的情况。

在杨某处购买毒品的人,杨某与其中多数人均未见过面,都只是通过电话、网络联系好后由蒲某去送货,自己对其中有未成年人的情况并不知情,所以杨某不构成《中华人民共和国刑法》第三百四十七条规定的故意向未成年人贩卖毒品的加重情节,其行为符合贩卖毒品罪,但不构成加重情节。

对于杨某贩卖毒品的数量认定不准确,根据公诉机关证据显示,杨某贩卖的毒品前后共计4克,而剩余6.9克是在抓捕时在杨某身上发现的,应按贩卖未遂处理,不能纳入到已贩卖的数量中,所以对于杨某的量刑应以4克为准。另外,被告人杨某在抓捕人员到场时并未反抗,且系初犯,归案后主动向公安机关供述自己的犯罪事实,认错态度良好,希望法院对杨某予以减轻处罚。

综上所述,我对本案中被告构成的罪名无异议,但是综合被告贩卖毒品的数量及其后来认错态度和积极配合侦查机关的表现,辩护人认为被告具有从轻或减轻处罚情节,希望法院从轻处罚。

辩护人:周某
二〇一六年八月二十四日

辩护词

本律师依法接受本案被告蒲某家属的委托,担任蒲某贩卖毒品案辩护人。接受委托后,辩护人认真查阅了案卷材料,参加法庭审理。辩护人发表以下辩护意见:

蒲某原为在校学生,杨某找到蒲某并让帮忙送一次东西(后经调查为毒品),并答应蒲某送到后给予200元跑路费,蒲某答应后便进行了第一次运送。后来杨某多次向蒲某表示,希望蒲某可以跟着自己混,赚钱特别快,并答应给蒲某许多好处。身为未成年人的蒲某未能经受住诱惑便自行离开学校与杨某共住在杨某出租屋中。

虽然蒲某在与杨某居住后杨某多次让蒲某运送毒品，但蒲某自己从未联系过任何买家，也未收到过购买毒品的人给的价款，只是杨某让其送到哪他就送到哪，偶尔杨某会给其一点辛苦费。蒲某在运送过程中并未意识到自己的行为是如此严重的违法行为，根据侦查机关调查显示，蒲某共计运送毒品4克，至于后来在杨某身上发现的6.9克，蒲某根本不知情。

根据《中华人民共和国刑法》第十七条："已满十四周岁不满十八周岁的人犯罪，应当从轻或者减轻处罚"的规定，假使法院认定蒲某有罪，蒲某也应当予以从轻或减轻处罚。

综上所述，蒲某是被杨某欺骗后帮助杨某犯罪。蒲某系未成年人，心智尚未完全成熟，难免经不住诱惑，一时被金钱迷惑，犯下如此罪行，而且蒲某是初犯，在被抓捕后主动向公安机关供述自己的犯罪事实，认错态度良好，积极返还赃款。请求法院能够充分考虑到蒲某的将来，从轻或减轻处罚，给他一个悔过自新的机会。

辩护人：刘某
二〇一六年八月二十四日

五、判决书

A市B县人民法院刑事判决书

（2016）B刑初字第158号

公诉机关A市B县人民检察院

被告人杨某，男，身份证号码XXXX，1993年7月27日出生，无业，住A市B县C镇XX路。

被告人蒲某，男，身份证号码XXXX，2000年3月2日出生，无业，住A市B县C镇XXX路。

以上二人因贩卖毒品罪于2016年7月21日被B县公安局刑事拘留，于2016年7月31日经本院批准，以涉嫌贩卖毒品罪于次日被B县公安局执行逮捕。现羁押于B县看守所。

杨某辩护人周某，某某律师事务所律师。

蒲某辩护人刘某，某某律师事务所律师。

A市B县人民检察院以B检公诉刑诉〔2016〕057号起诉书指控被告人杨某、蒲某犯贩卖毒品罪，于2016年8月18日向本院提起公诉。本院依法组成合议庭，公开开庭进行了审理。A市B县人民检察院指派检察员赵某某出庭支持公诉，被告人杨某及其辩护人周某、被告人蒲某及其辩护人刘某均到庭参加诉讼。现已审理终结。

A市B县人民检察院指控：

2016年6月中旬以来，被告人杨某租住B县C镇XX路，与蒲某暂住在该房屋内，并由被告人杨某为蒲某提供食宿至案发。期间，被告人杨某多次贩卖冰毒（甲基苯丙胺）并安排蒲某送货。2016年7月，被告人杨某先后10次向4人贩卖冰毒共约10.9克。具体事实分述如下：

1.2016年7月初、7月15日、7月19日，被告人杨某通过电话联系方式安排蒲某先后四次在E中学北大门处向吸毒人员许某（男，生于1975年12月9日）贩卖冰毒共计约1.6克；2016年7月20日，被告人杨某安排蒲某在本县D镇杨家巷与XX路交界处向许某出售冰毒约0.5克。被告人杨某共计获赃款人民币550元，蒲某获赃款人民币200元。

2.2016年7月初，被告人杨某通过电话联系方式，安排蒲某先后两次在本县D镇F大道"家苑"小区门口处向吸毒人员罗某（男，生于1988年10月6日）贩卖冰毒共计约0.6克；2016年7月19日，被告人杨某安排蒲某在本县D镇XX路与F大道交界处"肥肠"店外向罗某贩卖冰毒约0.5克。罗某通过微信交易平台共计支付被告人杨某、蒲某毒资人民币300元。

3.2016年7月19日，被告人杨某通过电话联系方式，安排蒲某在本县D镇XX路K小区大门外向吸毒人员李某（男，生于1995年10月29日）贩卖冰毒约0.5克，获赃款人民币100元。

4.2016年7月21日凌晨，被告人杨某通过电话联系方式，安排蒲某在本县C镇XX路出租屋内向吸毒人员杨某某（女，生于1998年10月1日）贩卖冰毒约0.3克，获赃款人民币100元。

综上，被告人杨某、蒲某共计向4人贩卖毒品10次，涉案毒品共计约4克，获赃款人民币1050元。

2016年7月21日凌晨，B县公安局民警在本县D镇XX路房屋内将被告人杨某和蒲某抓获，从被告人杨某身上搜出并扣押白色晶体状可疑物6小袋，经称重，该白色晶体状可疑物净重共计6.9克，另扣押电子秤1台、H牌白色手机1部、砍刀3把。

2016年7月28日，经A市公安局物证鉴定所检验，上述白色晶体状可疑物中均检出甲基苯丙胺成分。

被告人杨某无视国家刑律，多次向包括未成年人在内的他人贩卖毒品，并在2016年6月中旬欺骗被告人蒲某入伙与其一同贩卖毒品。蒲某已满16周岁，根据《中华人民共和国刑法》第十七条："已满十六周岁的人犯罪，应当负刑事责任。已满十四周岁不满十六周岁的人，犯故意杀人、故意伤害致人重伤或者死亡、强奸、抢劫、贩卖毒品、放火、爆炸、投放危险物质罪的，应当负刑事责任"之规定，蒲某应对其犯罪行为承担刑事责任。

综上，被告人杨某、蒲某触犯了《中华人民共和国刑法》第三百四十七条第四款之规定，犯罪事实清楚，证据确实充分，应当以贩卖毒品罪追究其刑事责任，请依法判处。

在法庭审理中，被告人杨某对起诉书指控的贩卖毒品事实未提出异议，辩称其行为不具有贩卖毒品的加重情节。

被告人杨某辩护人的辩护意见是：对被告人杨某的定罪没有异议，但是对其认定的贩卖数量有异议，应为4克，对于剩余6.9克应是贩卖未遂，且杨某系初犯，能够主动向公安机关供述自己的犯罪事实，希望法院对杨某予以减轻处罚。

被告人蒲某辩护人的辩护意见是：虽然蒲某在与杨某居住后杨某多次让蒲某运送毒品，但蒲某自己从未联系过任何买家。蒲某共计运送毒品4克，至于后来在杨某身上发现的6.9克，蒲某根本不知情。根据《中华人民共和国刑法》第十七条："已满十四周岁不满十八周岁的人犯罪，应当从轻或者减轻处罚"的规定，假使法院认定蒲某有罪，蒲某也应当予以从轻或减轻处罚。

经审理查明：

2016年6月中旬以来，被告人杨某租住本县C镇XX路，蒲某暂住在该房屋内，并由被告人杨某提供食宿至案发。期间，被告人杨某多次贩卖冰毒（甲基苯丙胺）并安排蒲某送货。2016年7月初、15日、19日、21日杨某、蒲某先后向许某、罗某、李某、杨某某分10次向4人贩卖冰毒，涉案毒品共计约4克，获赃款人民币1050元。

2016年7月21日凌晨，B县公安局民警在本县C镇XX路房屋内将被告人杨某和蒲某抓获，并从被告人杨某处搜出并扣押白色晶体状可疑物6小袋、白色晶体状可疑物1袋、电子秤1台、H牌白色手机1部、砍刀3把。

2016年7月28日，经A市公安局物证鉴定所检验，上述白色晶体状可疑物中均检出甲基苯丙胺成分。

上述事实，被告人杨某、蒲某无异议并自愿认罪，且有公安机关提交的公诉机关移交的受案登记表、立案决定书、搜查证、拘留证及通知书、提请批准逮捕书、批准逮捕决定书、逮捕证及通知书、扣押及证据保全清单、调取证据通知书及清单，到案经过、通话记录、微信交易记录、证人许某、罗某、李某、杨某某、何某某、文某某的证言，被告人杨某、蒲某的供述与辩解，检验意见书及鉴定意见通知书，现场辨认笔录、辨认笔录及照片、指认照片、电子证物检查工作笔录及相关信息记录、搜查笔录、称量及取样笔录等证据证实，足以认定。

本院认为，被告人杨某违反国家对毒品的管理规定，贩卖毒品甲基苯丙胺10.9克，B县人民检察院指控被告人杨某犯贩卖毒品罪的事实清楚，证据确实、充分，指控罪名成立，对其指控本院予以采纳。被告人杨某利用未成年人向多人多次贩卖毒品，且贩毒对象部分为未成年人，依法可以从重处罚；其在归案后能如实供述其犯罪事实，审理中自愿认罪，依法可以从轻处罚。故本院对被告人杨某及其辩护人周某请求从轻处罚的辩解、辩护意见，予以采纳；但对辩护人周某提出，公安机关从其身上搜出的毒品应按贩卖未遂处理，与事实不符，本院不予支持。

被告人蒲某违反国家对毒品的管理规定，贩卖毒品甲基苯丙胺4克，B县人民检察院指控被告人杨某犯贩卖毒品罪的事实清楚，证据确实、充分，指控罪名成立，对其指控本院予以采纳。因其是已满14岁未满18岁的未成年人，依法应当从轻或减轻处罚，故本院对被告人杨某及其辩护人刘某请求从轻处罚的辩解、辩护意见，予以采纳。

　　根据被告人杨某、蒲某犯罪的事实、性质、情节和对社会的危害程度及悔罪表现，依照《中华人民共和国刑法》第三百四十七条第一款、第三款，第六十七条第三款，第五十二条，第五十三条第一款，第六十四条的规定，判决如下：

　　一、被告人杨某犯贩卖毒品罪，判处有期徒刑九年六个月，并处罚金人民币8000元。

　　二、被告人蒲某贩卖毒品罪，判处有期徒刑一年三个月，并处罚金人民币1000元。

　　三、对被告人杨某、蒲某违法所得人民币1050元，予以追缴并上缴国库。

　　四、公安机关从被告人杨某处扣押的毒品6.9克及电子秤1台、H牌白色手机1部、砍刀3把，予以没收，由扣押机关依法处理。

　　如不服本判决，可在接到判决书的第二日起十日内，通过本院或者直接向A市中级人民法院提出上诉。书面上诉的，应当提交上诉状正本一份，副本二份。

审判长　冯某

审判员　徐某

审判员　冯某某

二〇一六年九月一日

书记员　张某某

（院印）

[法律人物]

董仲舒

董仲舒（公元前179年—前104年），西汉广川（今河北景县广川镇）人，是西汉儒学大师、思想家、政治家、教育家。汉武帝元光元年（前134年），武帝下诏征求治国方略，董仲舒在著名的《举贤良对策》中，把儒家思想与当时的社会需要相结合，并吸收了其他学派的理论，提出"罢黜百家，独尊儒术"，从而使儒家学说成为中国古代刑法的正统指导思想。董仲舒推行"经义决狱"，以"《春秋》之义，稽合于律"，主张"德主刑辅、重德远刑"，以春秋决狱，来匡正律令严峻的弊病。董仲舒主张的"德"，主要是指人伦纲常，所谓君臣、父子、夫妻、兄弟和朋友。他择其要者改为"三纲"，即君为臣纲、父为子纲、夫为妻纲。又将原来儒家主张的仁、义、礼、智、信五种德性，合为"五常"。董仲舒认为"三纲五常"可求于天，不能改变。至此，援礼入律、以礼入刑的刑法指导思想正式成为刑律中的判案规则。董仲舒提出的德刑并举、礼教判法、以礼入刑的古代法制思想与刑法制度绵延流长，持续影响中国古代法制两千余年。

民事诉讼一审普通程序模拟法庭流程

一、书记员查明当事人和其他诉讼参与人是否到庭，之后宣布如下法庭纪律：

根据《中华人民共和国民事诉讼法》《中华人民共和国人民法院法庭规则》的规定，全体人员在庭审活动中应当服从审判长的指挥，尊重司法礼仪，遵守法庭纪律，不得实施下列行为：

（一）鼓掌、喧哗；

（二）吸烟、进食；

（三）拨打或接听电话；

（四）对庭审活动进行录音、录像、拍照或使用移动通信工具等传播庭审活动；

（五）其他危害法庭安全或妨害法庭秩序的行为。

全体人员请关闭手机等通信设备或调成静音。当事人和其他诉讼参与人发言或提问，应当经审判长许可。旁听人员不得进入审判活动区，不得随意站立、走动，不得发言和提问。

法庭审理过程中，当事人和其他诉讼参与人或者旁听人员违反法庭纪律的，按照下列情形分别处理：

（一）情节较轻的，警告制止并进行训诫；

（二）不听制止的，指令法警强行带出法庭；

（三）未经许可对庭审活动进行录音、录像、拍照或使用移动通信工具等传播庭审活动的，暂扣其使用的设备及存储介质，删除相关内容；

（四）危及法庭安全或扰乱法庭秩序的，根据相关法律规定，予以罚款、拘留；构成犯罪的，依法追究刑事责任。

二、书记员请全体起立，请审判人员进入法庭，并报告审判长，原、被告已经到庭，开庭准备工作已经就绪，可以开庭。审判长请全体坐下。

三、审判长宣布今天由某法院依法适用普通程序（或简易程序），公开审理（或不公开审理）原告某某起诉被告某某什么纠纷（案由）一案，现在开庭（敲法槌）。

四、审判长核对当事人的基本情况，包括原、被告双方的姓名、出生日期、民族、工作单位、职业、住所地及双方委托代理人的姓名、工作单位、职业、代理权限。原、被告是法人或其他组织的，陈述单位名称、法定代表人（负责人）的姓名和职务、单位住所地。核对完毕后，询问双方对对方出庭人员有无异议。

五、审判长告知当事人有关的诉讼权利和义务：

（一）有申请回避的权利；

（二）有收集、提交证据的权利；

（三）有在庭审中进行辩论的权利；

（四）有请求法庭调解的权利；

（五）对一审判决、裁定有提起上诉的权利；

（六）对生效法律文书有申请执行的权利；

（七）有查阅本案有关材料，并可以复制本案有关材料和法律文书的权利；

（八）双方当事人有自行和解的权利；

（九）原告有放弃或者变更诉讼请求的权利，被告有承认或者反驳诉讼请求和提起反诉的权利。

当事人必须依法行使诉讼权利，遵守诉讼秩序，履行发生法律效力的判决书、裁定书和调解书。

六、审判长宣布本案由审判员某某担任审判长，和审判员某某与审判员某某共同组成合议庭。书记员某某担任法庭记录。

七、审判长询问当事人对本合议庭组成人员以及担任记录的书记员是否申请回避。

八、开始法庭调查。

（一）原告宣读起诉状；

（二）被告答辩；

（三）法庭总结双方争议的焦点并询问双方对法庭总结的争议焦点有无异议；

（四）原告出示证据材料并陈述证据名称、证据来源和证明目的，被告对原告出示的证据材料，从真实性、合法性和关联性三方面进行质证；

（五）被告出示证据材料并陈述证据名称、证据来源和证明目的，原告对被告出示的证据材料，从真实性、合法性和关联性三方面进行质证；

（六）原、被告双方相互发问；

（七）审判人员询问原、被告双方与本案有关的问题；

（八）原告及其诉讼代理人发表辩论意见；

（九）被告及其诉讼代理人发表辩论意见；

（十）原告作最后陈述；

（十一）被告作最后陈述；

（十二）法庭询问双方当事人是否同意调解，如果双方均同意则组织调解，如有一方不同意则不再调解；

（十三）审判长宣布休庭，合议庭进行合议；

（十四）审判长宣判，宣判时全体起立；宣判完毕后，审判长宣布闭庭（敲法槌）；

（十五）书记员请审判人员退庭，请旁听人员离开法庭，请双方当事人阅看庭审笔录，确认无误后签字。

刑事诉讼一审案件模拟法庭流程

一、书记员宣布如下法庭纪律：

根据《中华人民共和国刑事诉讼法》《中华人民共和国人民法院法庭规则》的规定，全体人员在庭审活动中应当服从审判长的指挥，尊重司法礼仪，遵守法庭纪律，不得实施下列行为：

（一）鼓掌、喧哗；

（二）吸烟、进食；

（三）拨打或接听电话；

（四）对庭审活动进行录音、录像、拍照或使用移动通信工具等传播庭审活动；

（五）其他危害法庭安全或妨害法庭秩序的行为。

全体人员请关闭手机等通信设备或调成静音。检察人员、诉讼参与人发言或提问，应当经审判长许可。旁听人员不得进入审判活动区，不得随意站立、走动，不得发言和提问。

对违反法庭纪律的人员按照下列情形分别处理：

（一）情节较轻的，警告制止并进行训诫；

（二）不听制止的，指令法警强行带出法庭；

（三）未经许可对庭审活动进行录音、录像、拍照或使用移动通信工具等传播庭审活动的，暂扣其使用的设备及存储介质，删除相关内容；

（四）危及法庭安全或扰乱法庭秩序的，根据相关法律规定，予以罚款、拘留；构成犯罪的，依法追究刑事责任。

二、书记员请全体起立，请审判人员进入法庭，并报告审判长，公诉人、辩护人已经到庭，开庭准备工作已经就绪，可以开庭。审判长请全体坐下。

三、审判长宣布今天由某法院依法公开审理（或不公开审理）由某某检察院提起公诉的被告人某某涉嫌什么犯罪（案由）一案，现在开庭（敲法槌)。

　　四、审判长通知提被告到庭,查明被告身份,询问被告何时被刑事拘留(如有)、何时被逮捕(如有),询问被告是否收到及何时收到检察院的起诉书副本。

　　五、审判长宣布本案由审判员某某担任审判长,和审判员某某与审判员某某共同组成合议庭。书记员某某担任法庭记录。某人民检察院指派检察官某某出庭支持公诉。某律师事务所某某律师为被告人辩护。

　　六、审判长告知当事人有权对合议庭组成人员、书记员、公诉人、鉴定人和翻译人员(如有)申请回避;告知被告人享有辩护权利。

　　七、审判长询问当事人是否对合议庭组成人员、书记员、公诉人、鉴定人和翻译人员(如有)申请回避。

　　八、开始法庭调查。

　　(一)公诉人宣读起诉书;

　　(二)被告人就起诉书指控的犯罪进行陈述;

　　(三)公诉人讯问被告人;

　　(四)辩护人向被告人发问;

　　(五)审判人员讯问被告人;

　　(六)公诉人向法庭出示证据材料,被告对证据进行辨认,被告和辩护人对证据发表意见;

　　(七)被告和辩护人向法庭出示证据材料,公诉人对证据发表意见;

　　(八)公诉人发表公诉意见,宣读量刑建议书;

　　(七)被告人自行辩护;

　　(八)辩护人发表辩护意见,公诉人、当事人、辩护人可以互相辩论;

　　(九)审判长宣布休庭,合议庭进行评议;

　　(十)合议庭进行评议后宣判,宣判时全体起立;

　　(十一)宣判完毕后,审判长宣布闭庭(敲法槌);

　　(十二)书记员请审判人员退庭,请旁听人员离开法庭。

行政诉讼一审普通程序模拟法庭流程

一、书记员查明当事人和其他诉讼参与人是否到庭,之后宣布如下法庭纪律:

根据《中华人民共和国行政诉讼法》《中华人民共和国人民法院法庭规则》的规定,全体人员在庭审活动中应当服从审判长的指挥,尊重司法礼仪,遵守法庭纪律,不得实施下列行为:

(一)鼓掌、喧哗;

(二)吸烟、进食;

(三)拨打或接听电话;

(四)对庭审活动进行录音、录像、拍照或使用移动通信工具等传播庭审活动;

(五)其他危害法庭安全或妨害法庭秩序的行为。

全体人员请关闭手机等通信设备或调成静音。当事人和其他诉讼参与人发言或提问,应当经审判长许可。旁听人员不得进入审判活动区,不得随意站立、走动,不得发言和提问。

法庭审理过程中,当事人和其他诉讼参与人或者旁听人员违反法庭纪律的,按照下列情形分别处理:

(一)情节较轻的,警告制止并进行训诫;

(二)不听制止的,指令法警强行带出法庭;

(三)未经许可对庭审活动进行录音、录像、拍照或使用移动通信工具等传播庭审活动的,暂扣其使用的设备及存储介质,删除相关内容;

(四)危及法庭安全或扰乱法庭秩序的,根据相关法律规定,予以罚款、拘留;构成犯罪的,依法追究刑事责任。

二、书记员请全体起立,请审判人员进入法庭,并报告审判长,原、被告已经到庭，开庭准备工作已经就绪，可以开庭。审判长请全体坐下。

三、审判长宣布今天由某法院依法适用普通程序（或简易程序），公开审理（或不公开审理）原告某某起诉被告某某什么纠纷（案由）一案，现在开庭（敲法槌）。

四、审判长核对当事人的基本情况，包括原告方的姓名、出生日期、民族、工作单位、职业、住所地及委托代理人的姓名、工作单位、职业、代理权限。被告陈述单位名称、法定代表人（负责人）的姓名和职务、单位住所地及委托代理人的姓名、工作单位、职业、代理权限。核对完毕后，询问双方对对方出庭人员有无异议。

五、审判长告知当事人有关的诉讼权利和义务：

（一）有申请回避的权利；

（二）有收集、提交证据的权利；

（三）有在庭审中进行辩论的权利；

（四）有请求法庭调解的权利；

（五）对一审判决、裁定有提起上诉的权利；

（六）对生效法律文书有申请执行的权利；

（七）有查阅本案有关材料，并可以复制本案有关材料和法律文书的权利；

（八）双方当事人有自行和解的权利；

（九）原告有放弃或者变更诉讼请求的权利，被告有承认或者反驳诉讼请求的权利。

当事人必须依法行使诉讼权利，遵守诉讼秩序，履行发生法律效力的判决书、裁定书和调解书。

六、审判长宣布本案由审判员某某担任审判长，和审判员某某与审判员某某共同组成合议庭。书记员某某担任法庭记录。

七、审判长询问当事人对本合议庭组成人员以及担任记录的书记员是否申请回避。

八、开始法庭调查。

（一）原告宣读起诉状；

（二）被告答辩；

（三）法庭总结双方争议的焦点并询问双方对法庭总结的争议焦点有无异议；

（四）被告出示证据材料并陈述证据名称、证据来源和证明目的，原告对被告出示的证据材料，从真实性、合法性和关联性三方面进行质证；

（五）原告出示证据材料并陈述证据名称、证据来源和证明目的，被告对原告出示的证据材料，从真实性、合法性和关联性三方面进行质证；

（六）原、被告双方相互发问；

（七）审判人员询问原、被告双方与本案有关的问题；

（八）原告及其诉讼代理人发表辩论意见；

（九）被告及其诉讼代理人发表辩论意见；

（十）原告作最后陈述；

（十一）被告作最后陈述；

（十二）法庭询问双方当事人是否同意调解，如果双方均同意则组织调解，如有一方不同意则不再调解；

（十三）审判长宣布休庭，合议庭进行合议；

（十四）审判长宣判，宣判时全体起立；宣判完毕后，审判长宣布闭庭（敲法槌）；

（十五）书记员请审判人员退庭，请旁听人员离开法庭，请双方当事人阅看庭审笔录，确认无误后签字。